Dello stesso autore nel catalogo Einaudi

Elogio della depressione (con A. Bonomi)
La fragilità che è in noi
Parlarsi
Responsabilità e speranza
L'ascolto gentile
Le parole che ci salvano
La nostalgia ferita
La follia che è anche in noi
Speranza e disperazione

Eugenio Borgna

In dialogo con la solitudine

Giulio Einaudi editore

© 2021 Giulio Einaudi editore s.p.a., Torino
www.einaudi.it

ISBN 978-88-06-24769-0

In dialogo con la solitudine

> Quando si vive soli, non si parla ad alta voce, e neppure si scrive ad alta voce: si teme infatti la cava risonanza – la critica della ninfa Eco. – E ogni voce suona diversa, nella solitudine!
>
> F. NIETZSCHE, *La gaia scienza*.

La solitudine come dialogo infinito.

Cosa è ancora possibile dire della solitudine, di questa forma di vita, cosí fragile e cosí esposta a mille ferite, alla quale non è nondimeno possibile essere estranei? Ci sono parole, queste creature viventi, immerse in cascate di significati, che si intrecciano gli uni agli altri, e una di queste è la solitudine. Ne vorrei ora parlare, ma dicendo subito che è necessario distinguere la solitudine interiore, la solitudine dialogica, la solitudine creatrice, la solitudine che ci isola, e ci allontana dal mondo sociale, e che talora è scelta volontaria, e talora è imposta dalla vita, dalle alterne vicende della vita, dal destino, e che potremmo chiamare isolamento. Se l'una esperienza non è tenuta distinta dall'altra, ne nascono confusioni esistenziali e semantiche che non consentono di capire cosa sia la solitudine.

Benché solitudine e isolamento non possano non corrispondere a due modi di essere radicalmente diversi, negli svolgimenti tematici di questo libro vorrei abitualmente parlare di solitudine. Il contesto consente di volta in volta di capire se mi riferisca alla solitudine, o invece all'isolamento.

La solitudine non è l'isolamento.

Vorrei allora incominciare il mio discorso, riflettendo *non* sulla solitudine che è animata dalla interiorità, dalla trascendenza, dalla ricerca dell'infinito che è in noi, *ma* sulla solitudine che non è in dialogo con gli altri, e ci immerge negli aridi confini di un io, che non diviene mai un noi. Certo: c'è un isolamento che rinasce dal dolore, dalla sventura, dalla malattia, e dalla disperazione, e c'è un isolamento che rinasce dalla indifferenza e dalla noncuranza, dall'egoismo e dal rifiuto del dialogo, del colloquio, della solidarietà e della comunione. Nella solitudine si è *aperti* al mondo delle persone e delle cose, e al desiderio di essere in relazione con gli altri, nell'isolamento invece si è *chiusi* in se stessi, nei confini della nostra soggettività, nulla conoscendo della speranza, che è orientata senza fine al futuro.

Non è facile parlare di solitudine, della sua essenza fragile e umbratile, fuggitiva e impalpabile, mistica e inconfondibile nella sua comunione con il mondo della vita, ma non è nemmeno facile parlare dell'isolamento, che è parola ambigua e oscura, fredda e gelida, uniforme e monocorde, e nondimeno di questa vorrei ora dire qualcosa. L'isolamento ci imprigiona, ci allontana dal mondo, immerge il nostro orizzonte di vita in un circolo fatale, facendo di noi monadi dalle porte e dalle finestre chiuse, e distogliendoci dalla comunione e dalla solidarietà con il mondo degli altri.

Non è facile liberare la voce della solitudine dall'incantesimo dell'isolamento, e ridonarle il suo timbro limpido e musicale. La solitudine è l'anima nascosta e segreta della vita, ma come non avere la sensazione che oggi, nel mondo della modernità esasperata, e della comunicazione digitale, sia grande il rischio di naufragare nell'isolamento: nel silenzio del cuore e nella trascendenza perduta? Ma è necessario distinguere l'isolamento voluto, e desiderato, da quello non voluto, e non desiderato: l'isolamento come scelta da quello come destino. Non potrei non dire che nell'uno e nell'altro muore la possibilità della trascendenza, e quella dell'essere in relazione con se stessi e con gli altri; ma nell'isolamento non voluto sopravvive, bruciante, la nostalgia della relazione, del colloquio e del dialogo, della grande solitudine interiore, che portano alle sorgenti delle nostre emozioni, dei nostri stati d'animo, delle nostre attese e delle nostre speranze silenziose, che danno un senso alla vita.

L'isolamento che si desidera.

L'isolamento desiderato e ricercato si nasconde in maschere ambigue: quelle della noncuranza e dell'apatia, del disinteresse e della noia, della gelida freddezza emozionale, della indifferenza, che inaridisce ogni umana relazione, rendendoci aridi e insensibili. Si giunge a una febbrile negazione di riflessioni e di meditazioni, di solidarietà e di comprensione, di quelle che sono le attese e le speranze in noi, e negli altri. L'isolamento nella società di oggi è in particolare tematizzato dalla tendenza all'individualismo e all'interesse personale, al rifiuto della compassione e della solidarietà, e questo ovviamente non si concilia con la solitudine: con la sua fragilità, e con la sua ricchezza umana. Ciascuno di noi nasconde all'altro le sue idee, i suoi progetti e le sue attese: questo chiudersi nel proprio guscio dissolve i legami umani, ci allontana gli uni dagli altri, e ci sospinge in un isolamento ghiacciato e infecondo.

L'isolamento che si vuole e si ricerca non ha nulla a che fare con la solitudine, e ciascuno di noi può esserne contagiato in mille modi: possa questo libro fare conoscere la grande umana significazione della solitudine.

L'isolamento che non si vuole.

Non c'è solo l'isolarsi voluto e desiderato, nel suo rifiuto della comunità e della solidarietà, diffuso e inquietante, ribelle e ostinato, crudele e glaciale, ma c'è anche l'isolarsi non voluto e non desiderato, che ha una causa in particolare, e ne raccoglie in sé molte altre, ed è il dolore, il dolore del corpo e il dolore dell'anima, che scende improvvisamente, o lentamente, sulla nostra vita, a ogni età, scompaginandola. Certo, ci sono gli antidolorifici, ma talora non bastano, il dolore ci insegue giorno e notte, e muore la solitudine che, diastole della vita, un attimo prima che il dolore rinascesse, ci aiutava a vivere, e a sperare. Il dolore è un sintomo, non c'è bisogno che lo dica, si accompagna a molte malattie, che, guarendo, ci liberano dal dolore; ma, fino a quando il dolore è in noi, siamo immersi in un desertico isolamento. Il dolore toglie la luce alla nostra vita, la immerge nel buio, ma non spegne in noi la nostalgia di relazione e di comunione, di silenzio e di solidarietà. Un isolamento che nulla ha a che fare con quello desiderato e ricercato, dal quale è radicalmente separato dalla presenza delle fiaccole ardenti della speranza che illumina, come se fosse una cometa, il nostro cammino di vita cosí imprevedibile. L'isolamento non voluto, e non desiderato, dilaga nelle grandi città, e nelle loro immense periferie, in condizioni di vita che la modernità continua senza fine a creare. Oggi in queste città quante persone vivono senza potere giungere a una vita di relazione, e a una vita comunitaria. Un isolamento, questo, che cresce vertiginosamente, e le persone, che ne prendono parte, sono ombre esangui che hanno perduto le capacità di dialogo e di solidarietà, e sono immerse in grandi disillusioni, e sofferenze. Gli abitanti di queste immense periferie sono non di rado sradicati dalla pienezza e dalla profondità della vita, ne divengono stranieri e isolati, alla impossibile ricerca di ascolto, e di speranza.

Sono, queste, brevissime considerazioni di matrice sociologica che il mio discorso sulla solitudine non poteva ignorare. Ne bastino questi frammenti, ma vorrei ancora dire in friabile consonanza con queste considerazioni, che nelle grandi città è meno facile creare spazi di solitudine interiore che non nelle piccole città, come quelle in cui ho vissuto prima e dopo la mia vita nella Clinica universitaria di Milano; e una ultima considerazione: fare psichiatria in una piccola città è piú semplice che non farlo in una grande città.

La patria perduta.

Come non pensare (anche) alla straziante solitudine di persone, che giungono da terre lontane, senza conoscerle, e alle loro sanguinanti ferite dell'anima? Nell'incontrare, e nel vedere in televisione, emigranti lacerati dalla angoscia e dalla tristezza, dalla magrezza e dalla disperazione, mi chiedo come possano resistere alla fame, certo, ma anche alla realtà di un isolamento cosí profondo. Ci sono forme di isolamento, come queste, del tutto involontarie, che sono fonti di lancinante malessere, e di impossibili nostalgie; e come non sentirci chiamati a prendere coscienza delle sconfinate sofferenze, che si associano a un isolamento generato dalle infelici condizioni di indifferenza, e di ingiustizia sociale, in cui emigranti e profughi si trovano? Non possono non sentirsi soli, immersi in una solitudine bruciante e lacerante, e vorrei chiedermi come sia loro possibile, feriti dal dolore e dalla fame, dalla paura e dalla disperazione, mettersi in relazione con noi, cosí estranei al loro linguaggio, e alle loro abitudini di vita, e quale possa essere il loro mondo senza avere le parole che consentano di esprimere i loro pensieri e le loro emozioni, le loro attese e le loro speranze. Non resta nondimeno se non guardare al linguaggio del corpo vivente.

Ma, ancora, come avvicinarsi al loro mondo, chiuso in una solitudine a noi estranea, e oscura, nei suoi significati? Siamo tutti emigranti, una bella immagine, che dice il dovere della accoglienza, e di gesti, capaci di testimoniare una solidarietà, che non muoia nelle nostre indifferenze e nelle nostre stanchezze, nelle nostre disattenzioni e nelle nostre impazienze. Non abbiamo tempo di pensare a queste cose, a questi destini di vita, cosí dolorosi, e cosí straziati, cosí dimenticati, e cosí ignorati, alla disperata ricerca di una solitudine, che riscatti il deserto dell'isolamento. Sí, nel parlare di solitudine non mi è stato possibile non richiamarmi sia pure brevemente alla dolorosa condizione di vita e di sofferenza di chi è lontano da noi nei suoi modi di vivere, ma è vicino a noi nella sua fragilità, e nei suoi sogni, nelle sue illusioni e nelle sue speranze.

La psichiatria non può dimenticare la realtà crudele di un isolamento non voluto, imposto da inquietanti condizioni sociali di vita, che non vogliono, o non sanno, creare accoglienza e ascolto a persone giovani e anziane alla ricerca disperata di gentilezza, e di ascolto, di silenzio e di sguardi che dicano solidarietà.

Le solitudini nel tempo del coronavirus.

La solitudine è stata emblematica conseguenza del tempo del coronavirus, non consentendoci di uscire di casa, se non con grandi limitazioni. Non siamo stati liberi di organizzare le nostre giornate, ma siamo stati liberi di accogliere queste limitazioni con la coscienza della loro necessità, dando loro un senso, o invece di rifiutarle in noi, divenendone prigionieri, e stando ancora piú male. In ogni caso la solitudine ci ha allontanato dai nostri quotidiani modelli di vita. Certo, se intessuta di contenuti relazionali, la solitudine è stata fonte di raccoglimento, di riflessione, di silenzio interiore, di ascolto e di colloquio, di comunione e di preghiera, di attesa e di speranza, aiutandoci (anche) ad arginare la paura della malattia, e della morte. Ma non è possibile non pensare alle incognite, che hanno potuto accompagnare le settimane della nostra solitudine, rischiando di cancellarne gli elementi positivi: l'età, le malattie, le condizioni familiari e sociali, la mancanza di amicizie, le condizioni economiche, le paure, che non ci consentivano di dare un senso alla solitudine, e ci chiudevano in un isolamento, che non si apriva al futuro.

Alla ricerca del senso perduto.

Il compito cruciale, non facile, e talora impossibile, è stato quello di liberare la voce della solitudine, che l'isolamento ha fatto tacere, e di ridarle la parola; ma non avremmo mai dovuto stancarci dal ricercare un senso nelle mutate dolorose condizioni di vita, e in questo sono state necessarie le parole: quelle fragili, e non quelle banali, quelle che sgorgano dal cuore, e non quelle impregnate di indifferenza, quelle che aprono il cuore alla speranza, e non quelle che lo chiudono. Le parole sono creature viventi, richiedono tempo, attenzione, e fatica, hanno bisogno di essere colte nelle loro diverse scansioni semantiche, cambiano di stato d'animo in stato d'animo in chi parla, e in chi ascolta; ed è grande la loro importanza nel dare un'anima alla solitudine. Non so se nel tempo del coronavirus siamo stati in dialogo nella solitudine, e nella angoscia, nella tristezza e nelle inquietudini, nel silenzio e nel dolore, nelle attese e nelle speranze. Quello che temo è che si sia trascorso molto tempo davanti alla televisione che ci teneva informati, cosa di grande importanza, certo, ma che, se la si guardava per tutto un giorno, non poteva non accrescere le nostre ansie e le nostre inquietudini, la nostra tristezza e talora la nostra disperazione.

Il coronavirus ci ha tenuto chiusi in una solitudine dolorosa che talora continuava anche quando si usciva di casa, e si vedeva magari dall'altra parte della strada una persona con la mascherina, considerata quasi nemica, con la quale non si scambiava nemmeno uno sguardo, temendo di essere avvicinati, e contagiati. Sono state settimane, cosí, in cui la solitudine è stata interna ed esterna, involontaria e volontaria, l'una e l'altra generata dalla paura, non solo quella giustificata dal contagio e dal morire, ma anche quella decontestualizzata e generalizzata, che non ci consentiva di distinguere un pericolo reale da uno immaginario, e che ci isolava da tutti.

Ovviamente, ciascuno di noi ha vissuto in modi diversi le settimane di solitudine, e nelle mie pagine si rispecchiano (anche) quelle che ho trascorso, non a Novara, ma nella casa della mia giovinezza in una piccola città, ai confini del lago d'Orta, nella quale mi è stato meno difficile ridare un senso al trascorrere lento e liquido delle ore, e arginare le paure del contagio e della malattia mortale. Mettendo fra parentesi le esperienze personali, direi che, nel pensare alla solitudine nel tempo del coronavirus, dovremmo considerare l'ambiente sociale in cui si viveva, che ne condizionava gli orizzonti di senso. Non potrei cosí non pensare a quanto dolorosa sia stata una solitudine trascorsa in abitazioni infelici, che non consentivano spazi adeguati di meditazione e di riflessione. (Sono considerazioni sociologiche molto semplici che non potrei non ricordare anche in un discorso fenomenologico sulla solitudine nel tempo del coronavirus).

Vorrei ripensare ora alle immagini della morte che, sia pure in modi diversi, sono state presenti in ciascuno di noi, inducendoci ad allontanarci da ogni forma di dialogo e di contatto con gli altri, e di immergerci in una solitudine sempre piú radicale.

Le immagini della morte.

Le immagini della morte, causata da un nemico sconosciuto, che ci avrebbe potuto raggiungere in ogni momento, e in ogni luogo, giungevano dalla televisione e dai giornali, e destavano risonanze angoscianti agli occhi soprattutto di persone fragili, o malate. *Non* è stata la morte, che, come nel bellissimo film di Ingmar Bergman, *Il settimo sigillo*, si fa riconoscere, indugia, e accetta di giocare la partita a scacchi con Antonius Block, il nobile cavaliere svedese, che, perdendo, muore, *ma* è stata la morte che giunge improvvisa, e senza farsi annunciare. Certo, non è stato forse possibile vivere in solitudine senza essere almeno lambiti da una angoscia, che la convertiva da un momento all'altro nel deserto dell'isolamento. Non solo la paura del contagio e le immagini della morte rendevano dolorosa la solitudine, ma anche l'esperienza del tempo, del tempo dell'io, del tempo vissuto, che non scorreva piú nella sua agostiniana circolarità dal passato al futuro, ma si arenava in ore che non passavano mai: divorate dalla noia. Si viveva nel presente, e nel passato, *non* nel futuro, che, immersi nell'angoscia della morte vicina, non si riusciva a progettare, e nemmeno a immaginare.

L'immagine della morte mai ci è stata cosí vicina, come nelle prime settimane della pandemia, e mai cosí profonda ne è stata la solitudine. Morivano persone anziane, e talora non ancora anziane, straziando i nostri cuori nel vedere una morte senza nome e senza memoria, una morte cosí estranea alla presenza dei familiari, e delle persone amiche, alla meditazione e alla preghiera. Morivano medici e infermieri, consapevoli di potere morire con i loro malati, testimoniando la fedeltà a un indicibile ideale vocazionale e umano, e a un grande coraggio: saremmo stati noi tutti capaci di seguirne l'esempio? Sono state scelte, quelle di medici e di infermieri, che non si sarebbero immaginate in una società, come la nostra, sempre piú divorata anche nelle scienze mediche dalla tecnologia, dall'*homo faber* e dall'*homo robot*.

Cambierà la nostra vita?

Nel fluire delle settimane di solitudine avremmo dovuto prendere coscienza della morte sempre possibile, delle nostre fragilità, delle nostre insicurezze, degli orizzonti di senso della solitudine e dell'isolamento, e anche dei valori dell'ascolto e del silenzio, del raccoglimento e della solidarietà, della nostalgia e del rimpianto, della gentilezza e della tenerezza. Sono stati d'animo, sono modelli di vita, che saranno ancora presenti in noi, quando la pandemia guarirà, e la solitudine non sarà dolorosa, e ambivalente, come quella che ci ha accompagnato nel corso di queste settimane, che sono sembrate non mai finire?

Oggi non siamo ancora lontani dalla presenza del coronavirus, cosí temibile, e cosí oscuro nella sua insorgenza, e nella sua evoluzione, e l'angoscia in noi è ancora febbrile, e ostinata, non consentendoci di conoscere quali siano le ferite dell'anima in noi, e di presagire quali conseguenze esse abbiano nella nostra vita. Ma, lo vorrei ripetere, dovremmo mantenere viva in noi la coscienza della fragilità della vita, del valore della solitudine, e della importanza che i nostri comportamenti nella loro concordanza hanno avuto nel ricreare una comunità di destino che si è concretata nella accoglienza di una solitudine talora dolorosa e di un tenersi distanti gli uni dagli altri, che ci hanno consentito di salvarci. Come diceva Friedrich Hölderlin, nelle sue parole genialità e follia si intrecciano mirabilmente, nelle ore estreme della sventura, quando tutto sembra perduto, germogliano in noi improvvise risorse interiori che ci danno la salvezza.

L'oblio scende facilmente sulle esperienze che si sono vissute nel passato, ma vorrei pensare che questo non accada su quelle che abbiamo vissuto nelle indicibili settimane di solitudine, in cui mille diverse emozioni si sono alternate in noi: lasciando nella memoria tracce dolorose, e talora mitigate dalla speranza di una vita, in cui le paure si sono alternate a indicibili testimonianze di gentilezza e di tenerezza, di sacrificio e di coraggio, di dedizione agli ideali, e di speranza. Sono testimonianze che non dovremmo mai dimenticare, e che ci aiuteranno nel confrontarci con quelli che saranno i problemi di domani: le precarie drammatiche condizioni del lavoro, e le possibili conseguenze psichiche che non potranno non essere presenti in maniera diversa nelle persone giovani, e in quelle anziane, oscillando da fenomenologie depressive a fenomenologie ansiose. Sono forme di sofferenza che possono avere bisogno di medicine, certo, ma soprattutto di una presenza amica, e di una presenza psicoterapeutica, là dove in particolare si sia ricreata una diversa solitudine, talora non meno dolorosa di quella generata dal coronavirus. Ma ci sarà salvezza: le settimane trascorse in solitudine ci hanno consentito di riflettere e di rimeditare sulla vita, sulla nostra fragilità e sulla sua precarietà, e sulla morte che non distingue nelle situazioni estreme fra persone benestanti, e persone che non lo sono.

Le mie pagine continueranno ora seguendo i sentieri zigzaganti e mutevoli della solitudine che si snodano nelle nostre abituali esperienze di vita, dalle quali non si dovrebbe nondimeno allontanare il ricordo di quello che è avvenuto in noi nelle lunghe settimane di distacco dal mondo della vita sociale.

La condizione autistica.

Come non ricordarsi che esiste (anche) un isolamento, causato dalla sofferenza psichica, che scende sulla nostra vita, ancorandola a una condizione autistica, che non consente di creare relazioni, e di tenersi in contatto con gli altri? Quando questo avviene, cambia il mondo che ci circonda, e talora si diviene estranei anche ad ambienti che ci sono familiari. La sofferenza psichica modifica il cammino del tempo interiore, che non vive piú di presente, passato e futuro, ma si inaridisce in un passato sconfinato che non ha piú un futuro dinanzi a sé. Curata in degenza ospedaliera, ma a volte senza, innalza un muro invisibile che ci separa dagli altri, ci isola e ci allontana, ma non rende impossibile il rinascere della solitudine, come nostalgia di dialogo e di comunione, come apertura alle attese e alla speranza, che si spengono invece nell'isolamento radicale: quello che ha perduto la patria, e non ha piú nemmeno una casa in cui abitare, e in cui vivere. Si fa fatica a dire queste cose cosí lontane da noi.

L'isolamento piú profondo e piú doloroso, la solitudine perduta e irraggiungibile, è quello che rinasce da una condizione depressiva di vita, e talora da una condizione psicotica: il linguaggio della psichiatria parla di autismo depressivo, e di autismo psicotico. L'angoscia, e l'impossibilità di essere in dialogo, in relazione, con il mondo delle persone e delle cose, contrassegnano l'una e l'altra forma di isolamento; ma con conseguenze psicopatologiche e umane diverse. L'autismo, nel quale talora sconfina una condizione depressiva, è fragile e fluido, friabile e temporaneo, non consente di aprirsi ai desideri e alle speranze della vita, ma queste rinascono quando la depressione migliora e guarisce.

L'autismo psicotico, l'autismo che, come ha scritto in un suo celebre libro Eugène Minkowski, è cifra emblematica della dissociazione mentale, non ha la friabilità e la fragilità di quello depressivo, benché sia influenzabile da relazioni umane, e abbia bisogno di terapie farmacologiche. Anche nell'autismo psicotico non mancano sensibilità, e umanissime fragilità, nostalgie di ascolto e di dialogo, di gentilezza e di tenerezza ofeliche.

Quanti pregiudizi ancora oggi non consentono di guardare alla sofferenza psichica nella sua umanità e nella sua fragilità, nella sua gentilezza e nella sua sofferenza, nella sua dignità e nella sua mitezza, nella sua nostalgia e nelle sue speranze infrante, e questo mio libro ancora una volta vorrebbe fare riemergere dalle oscurità, che le avvolgono, le tracce umbratili e fuggitive delle parole e delle immagini che ridanno un senso e un valore alla sofferenza psichica, recuperandone fino in fondo l'umanità.

La solitudine e il silenzio.

La solitudine si distingue dall'isolamento, come il silenzio si distingue dal mutismo. Nel mutismo si diviene monadi dalle porte e dalle finestre chiuse, non si ha nulla da dire, non si hanno parole, e nemmeno emozioni, da comunicare agli altri, e non se ne ha il desiderio. Il silenzio ha invece un suo linguaggio, che dovremmo sapere ascoltare e interpretare, anche se non è facile coglierne gli orizzonti di senso. Sono molte le radici del silenzio: quella che nasce dal desiderio di una parola che non arriva, quella che dice la nostra tristezza, o la nostra angoscia, le nostre attese inespresse, i nostri timori, e le nostre speranze. Sono molti i modi con cui il silenzio e la parola si intrecciano. C'è il silenzio che rende viva la parola, dilatandone le emozioni; c'è il silenzio che si sostituisce alla parola nel dire la gioia e il dolore, la speranza e la disperazione; c'è il silenzio del cuore che nasce dagli abissi della interiorità, e che testimonia della condizione umana; ma c'è anche il silenzio che si chiude in se stesso, e non sa ridestare risonanze emozionali. Ogni silenzio ha un suo linguaggio che in psichiatria, ma anche nella vita di ogni giorno, dovremmo saper analizzare e decifrare nei suoi significati, senza interromperlo con parole leggere e dissonanti. Quante volte nell'incontro fra medico e paziente, ma anche in quello tra genitori e figli, tra insegnanti e allievi, non si tollera il silenzio, non si sa accoglierlo nel suo mistero, non lo si rispetta, e questo anche perché non si ha il tempo di ricercare, di intuire, quali ne siano le fonti.

Come distinguere il silenzio, che nasce da una depressione, nella quale si spengono gli orizzonti della vita, dal silenzio che sgorga invece dal desiderio di solitudine, la sola zattera sulla quale ricercare una possibile salvezza? In psichiatria c'è il silenzio del paziente che tace perché sommerso da allucinazioni che gli impongono di tacere, c'è il silenzio del paziente divorato dall'angoscia che lo consegna a una straziata solitudine, e c'è il silenzio generato da un medico che non sa creare relazioni, ma c'è anche il silenzio come ricerca di una solitudine che consenta di meditare sul senso del vivere, e del morire.

Come distinguere infine il silenzio che nasce dal deserto delle emozioni, o dalla nostra incapacità di ascoltare, e di creare relazioni di cura dotate di senso? Certo, non dovremmo mai lasciarci trascinare dalla fretta e dalla impazienza, dalla leggerezza e dalla noncuranza, e cancellare il silenzio senza ricercarne le ragioni, ma dovremmo anche guardarci dalla tentazione di riempire con parole gli apparenti vuoti del silenzio, senza renderci conto che può essere necessario attendere, e tacere.

Nel silenzio si ascoltano talora voci segrete che giungono da un altrove misterioso, voci dell'anima, che sgorgano dalla nostra piú profonda interiorità, e da quella degli altri, quando l'una sia in consonanza con l'altra.

I fiori bianchi del gelsomino.

Cose belle e struggenti sul silenzio sono state scritte da Etty Hillesum nel suo splendido diario. «Troppe parole mi danno fastidio. Vorrei scrivere parole che siano organicamente inserite in un gran silenzio, e non parole che esistono solo per coprirlo e disperderlo: dovrebbero accentuarlo, piuttosto»; e ancora: «Io detesto gli accumuli di parole. In fondo, ce ne vogliono cosí poche per dir quelle quattro cose che veramente contano nella vita. Se mai scriverò – e chissà poi che cosa? –, mi piacerebbe dipingere poche parole su uno sfondo muto. E sarà piú difficile rappresentare e dare un'anima a quella quiete e a quel silenzio che trovare le parole stesse, e la cosa piú importante sarà stabilire il giusto rapporto tra parole e silenzio – il silenzio in cui succedono piú cose che in tutte le parole affastellate insieme».

Sono parole scritte nel periodo in cui era nel campo di concentramento olandese di Westerbork, dal quale Etty Hillesum sarà poi portata a morire ad Auschwitz insieme ai genitori e al fratello minore, Mischa, poco piú che ventenne, dotato di uno straordinario talento musicale. Il diario di Etty Hillesum è testimonianza di una sensibilità e di una grazia, di una speranza e di una attesa inenarrabili, che le hanno consentito di scrivere cose di una arcana, straziata bellezza sul destino e sulla vita, sul silenzio e anche sulla solitudine.

Il diario ci dice cose emblematiche sulla solitudine come dialogo infinito con la propria interiorità e con Dio: sono parole di indicibile bellezza che vorrei citare con timore e tremore. «Il gelsomino dietro casa è completamente sciupato dalla pioggia e dalle tempeste di questi ultimi giorni, i suoi fiori galleggiano qua e là sulle pozzanghere scure e melmose che si sono formate sul tetto basso del garage. Ma da qualche parte dentro di me esso continua a fiorire indisturbato, esuberante e tenero come sempre, e spande il suo profumo tutt'intorno alla tua casa, mio Dio. Vedi come ti tratto bene. Non ti porto soltanto le mie lacrime e le mie parole, ma ti porto persino, in questa domenica mattina grigia e tempestosa, un gelsomino profumato»; e ancora con parole non meno emozionanti: «E tanto per fare un esempio: se io mi trovassi rinchiusa in una cella stretta e vedessi passare una nuvola davanti alla piccola inferriata, allora ti porterei quella nuvola, mio Dio, sempre che ne abbia ancora la forza».

Sono parole umanissime: la solitudine creatrice è questa, e non ci sono condizioni ambientali che possano incrinarla.

Le stanze della solitudine e del silenzio.

Il silenzio è dentro di noi nella sua fragilità e nella sua vulnerabilità, ed è necessario farlo rinascere dal cuore, liberarlo dagli steccati che lo imprigionano, e mantenerlo vivente in noi. Ci si educa a fare silenzio quando si incomincia a fare tacere le parole, che diciamo ogni giorno, e anche quelle che non diciamo, e che invece dovremmo dire. Il silenzio non è solo non parlare, e non dare voce alle tempeste, che si agitano negli abissi del nostro cuore, ma è anche ascoltare le parole inespresse della contemplazione e della preghiera. Le parole e il silenzio sono la sistole e la diastole della nostra vita, e come non pensare ai loro reciproci intrecci? Il silenzio è fragile, e solo la solitudine consente al silenzio di sintonizzarsi con le fonti segrete della nostra interiorità, dissolvendo cosí le nubi delle chiacchiere e delle noncuranze, delle distrazioni e delle smemoratezze, delle indifferenze e delle aggressività. Sí, questo mio libro è incentrato sul grande tema della solitudine, e nondimeno non ha potuto non lambire quello del silenzio che si rispecchia nella solitudine. Da un bellissimo libro (*Tacet*) di padre Giovanni Pozzi, che è stato professore di letteratura italiana alla Università svizzera di Friburgo, vorrei stralciare un brano che parla della solitudine e del silenzio nelle loro reciproche risonanze emozionali. «La cella e il libro sono le stanze della solitudine e del silenzio. Della solitudine, la cella, non casupola di frasche nel deserto, né carcere murato, ma collocato al centro dell'uomo: il cuore che mai non dorme, vigile nell'ascolto, metafora assoluta dell'abitacolo e metonimia dell'intera persona umana. Una cella segreta dove, al dire ancora di Angela, "sta tutto il bene che non è qualche bene, quel cosí tutto bene che non è nessun altro bene" (*Memoriale*, IX, 400). Del silenzio, il libro, deposito della memoria, antidoto al caos dell'oblio, dove la parola giace, ma insonne, pronta a farsi incontro con passo silenzioso a chi la sollecita. Amico discretissimo, il libro non è petulante, risponde solo se richiesto, non urge oltre quando gli si chiede una sosta. Colmo di parole, tace».

(Angela è Angela di Foligno, e il *Memoriale* è in un libro, *Il libro dell'esperienza*, che raccoglie a cura di padre Giovanni Pozzi i testi della santa).

Sono parole intessute di grazia e di leggerezza, che congiungono in misteriose alleanze silenzio e solitudine.

La solitudine come relazione.

La solitudine dialogica è relazione, è una buona amica nel cammino della nostra vita, anche se talora dolorosa, perché ci confronta con gli abissi della nostra interiorità. In un mondo collegato continuamente in tutto, e con tutti, è ancora possibile recuperare la dimensione fragile e arcana della solitudine? La solitudine è una esperienza interiore sempre aperta alle influenze del mondo-ambiente, delle sue luci e delle sue penombre. Siamo ogni giorno trascinati nel vortice delle cose che non ci danno piú il tempo di scendere lungo i sentieri che portano alla nostra interiorità, e di ascoltare le ragioni della immaginazione, e del cuore.

La solitudine è uno stato d'animo, un modo di vivere la vita nella riflessione sulla sincerità e sulla profondità delle nostre emozioni, e delle nostre relazioni con gli altri, e con noi stessi, e sul mistero del vivere e del morire. Ma non è facile salvare la solitudine in noi, e questo perché essa ci confronta con il segreto della nostra coscienza, con il manzoniano guazzabuglio del nostro cuore, con le cose che non vorremmo ricordare, e che la memoria rigenera in noi, con la autenticità, o la inautenticità, delle relazioni che abbiamo con gli altri, con il senso del vivere e del morire, e in fondo con il mistero della morte. Questi sono alcuni dei motivi che determinano l'angoscia dinanzi alla solitudine, e allora non si desidera se non di fuggire dalla solitudine, dalla solitudine creatrice, e di trovare rifugio in esperienze rassicuranti che ci distraggano dal pensare e dall'immaginare, dal riflettere e dal prendersi cura degli altri.

Vorrei allora dire che vivere la esperienza della solitudine significa recuperare i valori della contemplazione e della solidarietà, dell'impegno etico nella politica e del rispetto delle persone, della leopardiana passione della speranza, immergendo la coscienza di questi valori in quello che è il nostro quotidiano modo di essere in ciascuno di noi. La solitudine, cosí, non è solo esperienza interiore, ma anche matrice di cambiamento relazionale e culturale, politico e sociale.

La mia festa dentro di me.

In una delle lettere di Natale alla madre, struggenti e arcane, Rainer Maria Rilke dice che è possibile vivere isolati senza che si spengano le fiaccole della solitudine. Le sue parole sono queste: «Quanto a me, sono anni ormai che celebro la mia festa dentro di me, e credo che anche se fossi rimasto a Monaco avrei trascorso questa sera da solo nella mia stanza, come solennità di raccoglimento, di meditazione, di ricordo. Io sono infatti incline sin dall'infanzia a essere un solitario, senza famiglia e senza feste familiari... sono invece destinato a lontani legami in tutto il mondo, a sentire non vicino, ma lontano, solo *questo* conferisce al mio sentimento tutto il suo potere, la sua profondità e la sua verità. E questo provo anche per Te, cara mamma, mentre leggi questa lettera, e Tu vedrai confermata nel Tuo cuore la mia vicinanza, anzi la mia presenza, meglio che se la percepissi coi Tuoi occhi terreni».

Sono parole bellissime, come quelle che si leggono in ciascuna di queste lettere di Natale, e in esse la solitudine è la fonte dell'amore di Rilke per la madre, ma nella sua vita nomade, lontana dalla famiglia, egli non vive forse in una solitudine chiusa in se stessa che non gli consente di essere in una concreta continua relazione con la vita degli altri? Questo nulla toglie alla sincerità e alla straordinaria bellezza delle sue lettere, e non solo di quelle alla madre.

La funzione maieutica della solitudine.

La solitudine, se abbiamo il coraggio di viverla fino in fondo, ha una straordinaria funzione maieutica: mettendoci in un dialogo senza fine con il passato, con la memoria vissuta, con la memoria del cuore, archivio dal quale sgorgano i ricordi come allodole, che talora amiamo, e talora temiamo, e *non* con la memoria dei nomi e dei numeri. Questo dialogo è doloroso, ci stanca, ci affatica, ridesta talora pensieri ed emozioni che vorremmo dimenticare, e che ci aiutano invece a riconoscere frammenti ignoti della storia della nostra vita, che a loro volta si rispecchiano nelle nostre speranze: goethiane stelle cadenti (immagine cosí bella che non mi stanco mai di citare) che non vediamo se non siamo capaci di una solitudine che sia raccoglimento e dialogo, attesa e ricerca delle ragioni della nostra vita, e della nostra speranza, arcobaleno sul ruscello: cosí la chiamava Nietzsche.

La solitudine consente di avviarci lungo il cammino misterioso, che ci porta verso la nostra interiorità, necessaria alla vita di ogni giorno: alla vita che non si rinchiuda in se stessa, ma che sia in comunicazione con il mondo delle persone, e delle cose. Come ha scritto Romano Guardini, in pagine bellissime sugli aspetti etici della solitudine, si ha il dovere di mantenerla viva in noi. Queste le sue parole: «La vita rimane sana solo quando continuamente rinnova l'esperienza della solitudine; in una certa misura ciò avviene in ognuno: in modo esemplare avviene in alcuni, a nome di tutti. Nella solitudine l'uomo inserito strettamente nella trama dei rapporti della comunità si desta alla consapevolezza della sua persona»; e ancora: «Questo inoltrarsi nella solitudine, nello spazio dell'"io stesso con me stesso", è dovere, e spesso assai pesante, poiché l'uomo viene qui in contatto con le potenze e le tensioni del suo intimo, con le esigenze incalzanti della sua coscienza».

Queste parole ci dicono come sia davvero faticoso rientrare in noi stessi alla ricerca di quello che siamo nelle luci e nelle ombre delle nostre esperienze.

La solitudine si nutre senza fine della interiorità e della soggettività di ciascuno di noi, è il momento diastolico della vita, ci ringiovanisce, come dice Leopardi, non è solo sorgente di ricordi che ci aiutano a vivere, ma è anche premessa a ogni relazione che intenda essere dialogica. La solitudine, come il silenzio, ci aiuta a distinguere le cose essenziali della vita da quelle che non lo sono, e anche a ritrovare le cose che ci uniscono nella lealtà, e nella solidarietà.

Le parole della solitudine.

La solitudine, questo temporaneo allontanarsi dal mondo, questo rientrare nella nostra interiorità, ci aiuta a frenare il fluire ininterrotto della vita, lo scorrere febbrile dei giorni e degli anni, la cascata inarrestabile delle parole banali e inutili, e a ripensare invece alle emozioni profonde e alle parole intessute di leggerezza, e di tenerezza. Se la solitudine, questo sospiro dell'anima, non è in noi, non sapremmo conoscere quelle che vorrei chiamare le parole della solitudine: le parole che vengono dal cuore, e dagli agostiniani quartieri della memoria, le parole che esprimono i nostri desideri e le nostre speranze, le parole che illuminano le notti oscure dell'anima, le parole silenziose e arcane, le parole che Thomas Mann chiamava musicali, e che non finiscono mai di rigenerarsi.

Non solo questo: come potremmo intendere nella loro fragilità e nella loro diafana leggerezza le parole delle poesie, e quelle dei grandi romanzi che si accompagnano immortali alla nostra vita – come *Anna Karenina*, *I Buddenbrook*, *Alla ricerca del tempo perduto*, *I quaderni di Malte Laurids Brigge*, *Effi Briest*, *L'uomo senza qualità*, *La morte di Virgilio*, *Il giardino dei Finzi-Contini*, *Le braci* – senza essere immersi nelle acque serene e salvifiche della solitudine? Sí, sono libri che leggevo, e continuo a leggere quando mi è possibile, soprattutto in luoghi che mi consentano raccoglimento, silenzio e solitudine: nella casa dal grande giardino che è vicina al lago d'Orta con la sua isola incantata, e fonte di mistiche risonanze, e in anni piú lontani nella casa che con le sue terrazze si slanciava sul mare della Liguria. La solitudine come matrice di parole ricolme di interiorità, e di speranza.

Sono parole che si rispecchiano in quelle bellissime e fosforescenti di Rainer Maria Rilke: «È spaventoso pensare quante cose si fanno e si disfano con le parole. Le parole sono talmente lontane da noi, chiuse nella sfera quasi eterna della loro esistenza secondaria, indifferenti ai nostri bisogni piú stressanti; fuggono nel momento in cui stiamo per afferrarle, possiedono una propria vita e noi la nostra».

A ciascuno di noi il compito di non lasciare fuggire le parole che vivono e muoiono nella nostra interiorità, di riuscire a farle nostre, e di riconoscerle nella loro grazia fragile e fuggitiva.

Il tempo della solitudine.

Il tempo, il tempo interiore, cambia nella misura in cui si viva l'esperienza dell'isolamento, o quella della solitudine. Ogni volta, non c'è discorso che possa fare a meno delle straordinarie intuizioni che, nelle *Confessioni*, sant'Agostino ha svolto sul tempo: ne vorrei citare ancora una volta un celebre brano. «Cos'è il tempo? Chi saprebbe spiegarlo in forma piana e breve? Chi saprebbe formarsene anche solo il concetto nella mente, per poi esprimerlo a parole?»; e ancora: «Cos'è dunque il tempo? Se nessuno m'interroga, lo so; se volessi spiegarlo a chi m'interroga, non lo so. Questo però posso dire con fiducia di sapere:

senza nulla che passi non esisterebbe un tempo passato; senza nulla che venga, non esisterebbe un tempo futuro; senza nulla che esista, non esisterebbe un tempo presente».

(Su un volume delle *Confessioni*, donato alla madre, Rilke scriveva questi bellissimi versi: «Non ti lasciar confondere dal tempo: cosa è vicino, | cosa è lontano? | Non sentiamo questo cuore avvicinarsi al Signore? | Come, dopo tanti eventi, esso ci sfiora e raggiunge: | cosí forse raggiungiamo la nostra anima sicura»).

Nella solitudine, nella grande solitudine interiore, nella solitudine che è solitudine creatrice, nella solitudine che è nostalgia di relazioni umane smarrite, ma non perdute, nella solitudine che è infinita ricerca delle proprie radici interiori, nella solitudine che può essere bruciante coscienza della nostra fragilità e della nostra disperazione, nella solitudine che è destino, il tempo interiore scorre senza fine, e memoria e speranza si intrecciano l'una all'altra, dando un senso alla vita. Nella solitudine ferita, nell'isolamento, che è desertica chiusura agli altri, e che nei casi estremi può sconfinare in una condizione di vita autistica, il tempo interiore si sfalda, e si scompone, perdendo la agostiniana circolarità dal passato al presente, e dal presente al futuro.

Il tempo agostiniano ha svolgimenti diversi nella solitudine che è apertura al mondo degli altri, e nella solitudine che è isolamento.

La solitudine è ascolto dell'infinito.

Ci si può sentire soli anche immersi in una grande folla, e *non* ci si può sentire soli nel deserto, se l'isolamento, in cui ci troviamo, è riscattato e redento dalla apertura a noi stessi e agli altri, siano o non siano presenti, e a Dio. Le cose sembrano semplici: non siamo soli quando siamo in compagnia di altri, e siamo soli quando non c'è nessuno accanto a noi; ma non è così. La solitudine ci consente di ascoltare l'infinito che è un andare al di là dei confini del nostro io, e un sentire la precarietà e la inconsistenza, la finitudine, delle cose terrestri. Ma ascoltare l'infinito in noi è possibile solo quando non ci lasciamo affascinare e divorare dal tumulto e dal frastuono, non solo delle cose che sono al di fuori di noi, ma anche, e soprattutto, da quelle che si agitano in noi, nella nostra vita interiore, cosí fragile e cosí impalpabile, cosí nascosta e cosí friabile, cosí sensibile e cosí inafferrabile. Come salvare la solitudine, e aprirsi all'infinito che è in noi, quando viviamo assediati dalle televisioni sempre accese, e dal parlare senza fine, ad alta voce, dai telefoni cellulari, che nel loro nome sembrano indicare le prigioni in cui ci troviamo reclusi? Certo, se è facile mantenere viva la fiaccola della solitudine in montagna, o in campagna, al mare, o in un monastero, non lo è nel mondo di oggi, in cui la solitudine è ferita da mille cose, e il raccoglimento è lacerato dalla fretta e dalla indifferenza di persone, che non si salutano, anche se vivono in case le une vicine alle altre.

La solitudine nella malinconia.

La malinconia, che *non* è la depressione, ci immerge in una solitudine nutrita di gentilezza e di sensibilità, di accoglienza e di nostalgia, di silenzio e di riflessione. Alla malinconia, alla solitudine che a essa si associa, alla fragilità e alla sofferenza che la nutrono, si accompagnano orizzonti di senso che ci invitano a scendere in noi stessi, e nelle regioni profonde della nostra soggettività. La solitudine è come una pietra viva che, gettata nelle acque immobili della indifferenza, ne lacera la gelida uniformità. Non è possibile non conoscere le ombre della malinconia e della solitudine: questo è il pensiero di F. W. J. Schelling, uno dei grandi filosofi tedeschi: come ha scritto George Steiner, «Schelling, insieme ad altri autori, annette all'esistenza umana una tristezza fondamentale, inevitabile. Piú in particolare, questa tristezza fornisce il fondo oscuro in cui si radicano la consapevolezza e la conoscenza. Tale fondo oscuro, in realtà, deve essere la base di ogni percezione, di ogni processo mentale. Il pensiero è rigorosamente inseparabile da una "melanconia profonda"».

La malinconia ci induce a una solitudine piú, o meno, profonda che accompagna nel silenzio la nostra vita; ma tutto cambia quando la malinconia si converte in depressione, in malattia dell'anima, smarrendo allora la sua leggerezza e la sua grazia, le sue metamorfosi e la sua plasmabilità, la sua dolcezza e la sua tenerezza, la sua nostalgia e le sue ricordanze, le sue attese e le sue speranze.

La solitudine, l'esperienza interiore della solitudine, non manca davvero mai nella malinconia, e si perde invece, convertendosi in un arido e ghiacciato isolamento, quando la malinconia diviene depressione, nella quale non c'è piú futuro, e non c'è piú speranza, si è prigionieri del passato, dal quale non rinascono piú ricordi aperti al futuro, ma ricordi nutriti di colpe brucianti, e ribelli alle cure. Sí, nella depressione la solitudine è divorata dall'isolamento, che non le consente di avvicinarsi alla relazione: alla alterità. Insomma, non confondiamo la malinconia, la dolce leopardiana malinconia, con la depressione, nella quale i farmaci antidepressivi hanno una radicale funzione terapeutica.

Solitudine aperta e solitudine chiusa in se stessa, solitudine creatrice e solitudine che è isolamento, solitudine che è dialogo e solitudine che è monologo si rispecchiano nella fenomenologia della malinconia, *e* in quella della depressione. Non lontana dalla malinconia è la nostalgia che ha le sue comuni radici nel passato, recuperandone esperienze di vita dimenticate, e perdute, sulle ali di una memoria creatrice.

La timidezza come nostalgia di solitudine.

Non si dà molta importanza alla timidezza, a questa emozione sconosciuta e banalizzata, rimossa e fraintesa, sotterranea e carsica, che è una dimensione non infrequente della vita, e che è ai confini della insicurezza e della fragilità, della sensibilità e della tenerezza, della tristezza e della solitudine: indicibile fascio di emozioni, che rendono la vita degna di essere vissuta, e creano relazioni, alle quali sono estranee noncuranze e indifferenze, distrazioni e dimenticanze, ostilità e aggressività. La timidezza, e lo dicono anche alcuni dizionari, è considerata la connotazione di una persona indecisa e insicura, incapace di adeguarsi e di conformarsi alle moderne esigenze della vita che sono la improvvisazione, la rapidità istintiva delle scelte, la indifferenza agli stati d'animo e alle attese degli altri, la freddezza e talora la negligenza etica delle azioni. La timidezza, certo, non ha nulla a che fare con queste forme di vita oggi dominanti, e nondimeno come non riconoscerne il modo di essere, la importanza che ha nella adolescenza, e la vicinanza semantica alla sensibilità e ancora meglio alla sensitività? Sí, vorrei rivalutare la timidezza, elogiarla, ricordarne la fragilità, e la vulnerabilità, riconoscerne la presenza in ogni età della vita.

La timidezza interiorizza le esperienze del mondo della vita, è matrice di intuizioni e di comportamenti che solo in essa si rivelano nelle loro parabole semantiche. Nelle scuole l'essere timido è un handicap: non consente di dare risposte immediate a domande, che siano rivolte in modi non gentili, e induce a isolarsi, e a rifugiarsi in una solitudine, che non è riconosciuta nella sua sorgente di emozioni. Non scambiamo la timidezza con un disturbo psichico da curare, ma riconsideriamone gli orizzonti di senso, la sensibilità e la ricchezza umana, la vicinanza tematica alle emozioni sorelle che ho indicato. La timidezza nella sua espressione nascosta, e sotterranea, è una delle parole tematiche di questo mio libro, che ne ricerca le ramificazioni che germogliano senza fine dal grande albero della solitudine, cosí diversa, non dimentichiamolo mai, dall'isolamento, che ne è l'immagine arida e scolorita, benché, lo vorrei ripetere, le radici dell'isolamento possano essere diverse.

Se il destino ci fa incontrare persone timide, adolescenti, o non piú adolescenti, vorrei che non si dimenticasse mai la loro alta fragile sensibilità: cosí facilmente ferita anche solo da disattenzioni, e da leggerezze. La cosa, che non dovrebbe mai accadere, e che invece accade di frequente, è quella di non riconoscere e di non rispettare il bruciante desiderio di solitudine che è nella timidezza: fonte di meditazioni che le consentono di avvicinarsi con una non comune profondità ai sentieri interrotti della vita: intravedendone luci e ombre sconosciute. La psichiatria mi ha fatto incontrare la timidezza, che è una *Stimmung* friabile e impalpabile, aerea e arcana, e che è piú frequente nella donna che non nell'uomo.

La solitudine nell'adolescenza.

Nella adolescenza si entra in un altro mondo, nel mondo della immaginazione creatrice, delle attese e delle speranze incontaminate, degli ideali, mai incrinati da ombre e da compromessi, degli entusiasmi nutriti di sincerità e di solidarietà, di generosità e di passione, di gentilezza e di timidezza, ma anche dei grandi progetti e delle grandi rivoluzioni morali, come le chiamava Emmanuel Mounier, il filosofo francese fondatore di «Esprit», la celebre rivista di ispirazione cristiana, che ha accompagnato la mia adolescenza, nutrendola di speranze e di attese non solo ideali ma anche politiche.

Le adolescenze di ieri sono le adolescenze di oggi, ed è ingiusta la tesi che le adolescenze di oggi non abbiano piú ideali. Incontrando studenti di liceo sono stato francamente impressionato dalla presenza in loro degli ideali di sempre, e della passione della speranza; e questo, ma non solo questo, mi ha fatto ripensare ai conflitti possibili con gli adulti incapaci di riconoscere questi ideali, e questa passione. Ne discendono dolorose conseguenze che inducono gli adolescenti a immergersi in una radicale solitudine, e a scegliere talora la morte volontaria. La frequenza del suicidio nella adolescenza è cresciuta, e non è inferiore a quella che si ha in età avanzata. Non sono inattuali le considerazioni di Giacomo Leopardi che nello *Zibaldone* parla della sua adolescenza, e del suo desiderio di scegliere la morte volontaria: considerata l'ultima speranza.

La solitudine consente alla adolescenza, della quale fa non di rado parte, di salvarsi dinanzi alle incomprensioni e alle discordanze, alle indifferenze e alle noncuranze, del mondo arido e talora gelido degli adulti, rifugiandosi in un mondo di immaginazioni, e di speranze inattese.

La mia adolescenza.

Vorrei ancora brevemente parlare della mia adolescenza, che è stata contrassegnata dalla presenza della guerra, e dalla decisione di mia madre di allontanarsi con tutti noi dalla casa paterna: essendo mio padre ricercato dai tedeschi. È stata questa una solitudine dalla duplice immagine: da una parte la solitudine esteriore, il vivere in una casa e in un ambiente del tutto estranei, nel timore e nell'angoscia, e in un silenzio solo interrotto dalle azzurre campane (la bellissima immagine del poeta austriaco Georg Trakl che moriva suicida a ventisette anni) della chiesa, cosí vicina alla casa. Alla solitudine esteriore si accompagnava la solitudine interiore: questo sentirci lontani da ogni possibile dialogo con persone amiche, se non con il sacerdote che ci aveva aiutato a trovare una casa; questo non sapere nulla di nostro padre, che era entrato a fare parte della Resistenza; e questo vivere in un tempo che sembrava non avere un futuro. Certo: una adolescenza, la mia, radicalmente diversa da quelle di oggi, che non conoscono le tenebre della distruttività, causate dalla guerra, anche se in vita non possono non esserci scogli su cui naufragare.

Sono stati mesi che mi hanno confrontato con le molte immagini della solitudine, con i suoi sconfinamenti nelle aree della nostalgia e dell'angoscia, delle attese e delle speranze, delle amicizie salvifiche e delle inattese solidarietà. Sono stati mesi che mi hanno consentito (anche) di fare lunghe passeggiate in dialogo con il silenzio delle montagne, e con il verde luminoso delle campagne, con l'azzurro inebriante delle acque del lago d'Orta, e con il suono amico delle campane della chiesa del piccolo paese, e con quello flebile e lontano delle campane della basilica dell'isola di San Giulio. Sono ricordi che, a mano a mano che gli anni scorrono rapidissimi, si fanno sempre piú nitidi, e sempre piú luminosi; e mi hanno docilmente aiutato a vivere, e a guardare alla vita nella luce della *espérance* che, come diceva Charles Péguy, non muore nemmeno nelle notti oscure dell'anima. Ma, senza i lunghi mesi di esilio, non avrei conosciuto la solitudine nella sua dimensione profonda e familiare, arcana e misteriosa, e questo mio libro non sarebbe stato scritto cosí: con queste scansioni tematiche, e con questo sciame di immagini, e di fosforescenze emozionali.

La solitudine nella condizione anziana.

Vorrei subito dire che la vecchiaia, nelle sue diverse forme, è tematizzata dalla presenza della solitudine, che a essa sempre si accompagna, non senza chiedermi prima cosa sia la vecchiaia. Dalla autobiografia di Norberto Bobbio vorrei stralciare alcune bellissime riflessioni che mi aiutano a rispondere a questa domanda.

«Il mondo dei vecchi, di tutti i vecchi, è, in modo piú o meno intenso, il mondo della memoria. Si dice: alla fine tu sei quello che hai pensato, amato, compiuto. Aggiungerei: tu sei quello che ricordi. Sono una tua ricchezza, oltre gli affetti che hai alimentato, i pensieri che hai pensato, le azioni che hai compiuto, i ricordi che hai conservato e non hai lasciato cancellare, e di cui tu sei rimasto il solo custode. Che ti sia permesso di vivere sino a che i ricordi non ti abbandonino e tu possa a tua volta abbandonarti a loro. La dimensione in cui vive il vecchio è il passato. Il tempo del futuro è per lui troppo breve perché si dia pensiero di quello che avverrà».

Sono pensieri che la solitudine fa nascere, e alimenta, una solitudine, quella della vecchiaia, che si associa anche a ricordi dolorosi. «Nel ripercorrere i luoghi della memoria, ti si affollano attorno i morti, la cui schiera diventa ogni anno sempre piú numerosa. La maggior parte di coloro coi quali ti sei accompagnato ti hanno abbandonato. Ma tu non puoi cancellarli come se non fossero mai esistiti. Nel momento in cui li richiami alla mente li fai rivivere, almeno per un attimo e non sono morti del tutto, non sono scomparsi completamente nel nulla: l'amico morto adolescente in una disgrazia di montagna, il compagno di scuola e di giochi precipitato col suo aereo durante la guerra, di cui non si è piú trovato il corpo e la famiglia lo ha atteso per anni».

Vorrei citare ancora altre considerazioni del grande giurista che scendono al cuore della vecchiaia: composta, e ricomposta, nelle sue infinite articolazioni esistenziali. «Mentre il mondo del futuro è aperto all'immaginazione, e non ti appartiene piú, il mondo del passato è quello in cui attraverso la rimembranza ti rifugi in te stesso, ricostruisci la tua identità, che si è venuta formando e rivelando nella ininterrotta serie dei tuoi atti di vita, concatenati gli uni con gli altri, ti giudichi, ti assolvi, ti condanni, puoi anche tentare, quando il corso della vita sta per essere consumato, di fare il bilancio finale. Bisogna affrettarsi. Il vecchio vive di ricordi e per i ricordi, ma la sua memoria si affievolisce di giorno in giorno. Il tempo della memoria procede all'inverso di quello reale: tanto piú vivi i ricordi che affiorano nella reminiscenza quanto piú lontani nel tempo gli eventi». Altre parole struggenti e nostalgiche rinascono da questo libro: «Ma sai anche che ciò che è rimasto, o sei riuscito a scavare in quel pozzo senza fondo, non è che un'infinitesima parte della storia della tua vita. Non arrestarti. Non tralasciare di continuare a scavare. Ogni volto, ogni gesto, ogni parola, ogni piú lontano canto, ritrovati, che sembravano perduti per sempre, ti aiutano a sopravvivere».

Sono considerazioni dolorose, che non potrei non condividere, e che ci consentono di cogliere il senso della solitudine, in cui la vecchiaia ci immerge, dandole un senso, anche se fragile, e rapsodico. La solitudine in noi, quando è la vecchiaia a causarla, è ancora piú dolorosa che in ogni altra età della vita, e questo perché alla solitudine interiore, a questa faticosa, e talora impossibile, ricerca di significati causata dalla mancanza di lavoro, si aggiunge un'altra solitudine: si è soli, quando muoiono le persone che ci sono state familiari, e si vive con l'aiuto di persone estranee.

La solitudine nelle case di riposo.

Le cose si fanno piú dolorose, quando non ci sono altre soluzioni se non quella delle case di riposo con le noncuranze, e le indifferenze, che ci possano essere. Ne conosco alcune, e come non essere impressionati dalla solitudine, non da quella creatrice, che dilaga in esse, e che stringe il cuore? Non tutte le case di riposo sono cosí, ma grande è il rischio che lo siano, naufragando nella indifferenza, e nella noncuranza, nella disattenzione, e nella apatia. Non è facile vivere, e aiutare a vivere, le persone anziane che, per una ragione, o per l'altra, sono ospitate in una casa di riposo.

La solitudine, la rinascita dei ricordi cosí magistralmente descritta da Norberto Bobbio, si converte in isolamento, non desiderato, e non voluto, causato dalla mancanza di umane sollecitazioni, e di comunioni di vita, di attese, sia pure fragili, e precarie. Non so come possano sopravvivere frammenti di speranza in case di riposo in cui sia impossibile la solitudine: divorata dal gelo dell'isolamento, dalla impazienza, e dalla indifferenza.

La mia speranza, la mia illusione, è quella che questo libro sulla solitudine possa almeno per un attimo ridestare l'interesse a conoscere, seguendo le parole di Norberto Bobbio, cosa possa essere la vecchiaia, e anche come una casa di riposo sia tenuta a rispettarla nella sua dignità, e nella sua fragilità.

La solitudine è in noi (anche) quando ci ammaliamo, e allora vorrei svolgere alcune considerazioni su questo tema.

La solitudine di un bambino malato.

Non si può parlare della malattia, della sofferenza, di un bambino se non si sentono vicine al cuore le parole di Simone Weil che è stata immersa nelle fiamme ardenti della sventura, della infelicità, del sommo dolore, e che sul dolore, sulle lacrime di un bambino, ha scritto cose di una tenerezza e di una nostalgia indicibili. «Discorso di Ivan nei *Karamazov*. Anche se questa immensa fabbrica offrisse le piú straordinarie meraviglie e non costasse che una sola lacrima di un solo bambino, io non accetterei. Aderisco completamente a questo sentimento. Nessun motivo, di qualsiasi genere, che mi venga offerto per compensare una lacrima di un bambino, può farmi accettare questa lacrima. Nessuno assolutamente nessuno che intelligenza possa concepire. Uno solo, ma intelligibile unicamente all'amore soprannaturale: Dio l'ha voluto». Ma come avvicinarsi a un bambino che sta male, a un bambino malato, che richiede una particolare vicinanza, e una particolare sensibilità a cogliere il senso delle sue lacrime? Sono in gioco le attitudini emozionali degli adulti a capire, o almeno a intuire, quali possano essere le emozioni e i desideri di un bambino, quali le sue ferite, e a servirsi del linguaggio delle parole, e di quello del silenzio, del sorriso e delle lacrime, che condizionano i modi con cui ci incontriamo con un bambino, con le sue speranze ferite e con il suo dolore. Se si sanno rivivere le esperienze infantili, il bambino sente di avere dinanzi a sé persone che hanno qualcosa in comune con il *suo* mondo, e lo accolgono con amore. Sono Dostoevskij e Simone Weil, e non solo loro, a dire queste cose.

La solitudine fa parte della vita di un bambino malato, che non può non sentirsi diverso dagli altri suoi compagni di scuola, che conducono una vita cosí diversa dalla sua. La cosa è ovviamente ancora piú dolorosa se il bambino deve stare, anche solo per qualche giorno, in ospedale. La fragilità del bambino accresce quella dei suoi familiari che manifestano ansie e preoccupazioni, inquietudini dell'anima e insicurezze, comprensibili e inevitabili, arginate dalla speranza. Ma è necessario essere in dialogo ininterrotto con il dolore di un bambino malato, con il dolore del suo corpo e della sua anima, mai dimenticando che ogni bambino è sensibile a quello che avviene intorno a sé, e in particolare all'amore che gli è dedicato. Sono cose molto semplici quelle che sto scrivendo, e nondimeno ne hanno parlato ad esempio Walter Benjamin e Vladimir Nabokov.

Certo: non è facile immaginare le emozioni di un bambino, ma ricordandole comprendiamo meglio le sue sofferenze. Non so se sia cosí, e in ogni caso vorrei dire qualcosa di quella che è stata la mia solitudine, quando nella mia infanzia mi sono ammalato, e sono stato in ospedale a Novara. Ne ho un ricordo fragile e luminoso che non si è mai cancellato, e vorrei dirne qualcosa ancora. Non avevo piú di sei anni, e ho sofferto di una malattia infiammatoria dell'orecchio che allora non poteva essere curata se non chirurgicamente. La penicillina è stata scoperta nel 1928 da Alexander Fleming, che ha avuto il premio Nobel per la medicina nel 1945, ma in Italia è entrata in commercio solo alla fine della guerra. Mi rivedo disteso su una barella, e fatto entrare in sala operatoria. Mi rivedo, con la immaginazione che non muore, seguito da mia madre, che diveniva a mano a mano sempre piú lontana, e mi lasciava solo, sempre piú solo. Mi sono sentito immerso in una solitudine infinita, nulla ricordando della degenza ospedaliera, ma nulla dimenticando di quella lontanissima esperienza della mia infanzia, che mi ha fatto conoscere una solitudine diversa da quella che si ha in adolescenza, ma forse ancora piú straziante.

La solitudine, rivissuta anche nel corso di istanti della nostra vita, non si dimentica piú, e ci aiuta a capire quella degli altri: delle persone che sono malate, e di quelle che non lo sono; e, in ogni caso, la malattia in ogni età della nostra vita accresce le nostre sensibilità e le nostre fragilità, le nostre inquietudini e le nostre nostalgie, che, fragili arcobaleni, sono mediatrici di misteriose speranze che non muoiono.

La solitudine che è nella malattia.

Ciascuno di noi si ammala nel corso della vita in modi ovviamente molto diversi da quelli che si hanno nella infanzia, ci sono malattie del corpo e malattie dell'anima, malattie lievi e malattie gravi, malattie che si curano stando in casa, e malattie che si curano in ospedale, ma ciascuno di noi ha un suo diverso modo di vivere la malattia, una sua diversa soglia del dolore, e un suo diverso modo di sentirsi soli. Quando ci si ammala, cambiano le relazioni che abbiamo con gli altri, e con noi stessi, cambia l'esperienza del tempo interiore, che non ha la scioltezza e la rapidità di quando stiamo bene, ma non passa mai, quando la malattia si prolunga, e cresce in noi la solitudine, che ci allontana dalle nostre quotidiane forme di vita, e ci confronta con la nostra vita interiore, con il senso di quello che siamo, e di quello che vorremmo essere.

Le parole, lo vorrei dire ancora, quelle che ci aiutano a rendere meno dolorosa la malattia, non possono non essere gentili e timide, silenziose e donatrici di speranza, e se non sgorgano dal cuore non servono a nulla, e anzi fanno male. Le parole sono creature viventi, cambiano nelle loro risonanze di stato d'animo *in* stato d'animo, di situazione *in* situazione, e non è facile presagire se, e come, possano mitigare, o accrescere, la solitudine di un malato. Le parole sono importanti, certo, ma, nell'incontro con un malato, se ci emozioniamo, se non riusciamo a nascondere le nostre emozioni, le nostre angosce e le nostre paure, le nostre lacrime, è meglio tacere, e dire la nostra vicinanza al suo dolore scrivendo una lettera, cosa non facile nemmeno questa, mandando una rosa, o dicendo una preghiera. Ma, ancora, come non insistere sulla importanza (anche terapeutica) di semplici gesti, apparentemente ingenui e inutili, come quello di dare una carezza, che diviene sorgente di gentilezza, di tenerezza, e di speranza? Le parole migliori, quelle che fanno del bene a chi si ammala, in casa o in ospedale, le sapremmo trovare piú facilmente se siamo stati malati anche noi. Conosceremo quale importanza hanno non solo le parole che ascoltiamo, e quelle che non avremmo desiderato ascoltare, ma anche il silenzio e la solitudine che vorremmo avere, e che di frequente non abbiamo. Sí, soprattutto quando siamo in ospedale, solitudine interiore e silenzio sono a volte ancora piú desiderabili che non le parole, anche le piú belle, che giungano da un mondo ormai lontano: quello della salute.

Nella malattia si entra in una condizione di vita che cambia il nostro modo di essere in relazione con gli altri. Non siamo piú immersi nel fiume ininterrotto degli incontri che danno un senso alla nostra vita, e non è facile sfuggire alle penombre della solitudine. Ammalandoci siamo soli, e questo non perché non ci siano persone care intorno a noi, ma perché siamo i soli a conoscere, quando in particolare si abbiano disturbi psichici, quale dolore, quale angoscia, e quali speranze siano in noi.

La malattia ci fa conoscere la solitudine, che è apertura all'infinito, e il nostro compito è quello di tenerla viva nel nostro cuore, sia quando siamo noi ad ammalarci, sia quando il destino ci fa essere medici.

I paesi sconosciuti della malattia.

Il discorso infinito della solitudine, che la malattia genera in noi, rinasce dalle parole di Virginia Woolf in uno dei suoi saggi piú belli. «Considerando quanto sono comuni le malattie, quale tremendo cambiamento spirituale implicano, quanto sorprendenti, una volta che si spengono le luci della salute, siano i paesi sconosciuti che allora si scoprono, quali desolazioni e deserti dell'anima un leggero attacco di influenza porta alla luce, quali precipizi e prati cosparsi di fiori colorati svela un minimo aumento di temperatura, quali querce antiche, si radichino giú, nel pozzo della morte, con le acque dell'annichilimento che si richiudono sulle nostre teste e come al risveglio crediamo di trovarci in presenza di angeli e arpisti quando ci estraggono un dente e ritorniamo alla superficie nella sedia del dentista e confondiamo il suo "si sciacqui la bocca... si sciacqui la bocca" con il saluto della divinità che dal pavimento del cielo si inchina per darci il benvenuto – quando pensiamo a tutto questo e a molto altro ancora, e siamo frequentemente costretti a farlo, allora diventa davvero strano che la malattia non abbia preso lo stesso posto dell'amore, della guerra, della gelosia tra i piú grandi temi della letteratura».

Un periodo lunghissimo, che quasi stordisce, e che nondimeno si legge con il cuore in gola; ma altre cose sulla malattia ci dice Virginia Woolf. «Appena ci comandano il letto, o sprofondati tra i cuscini in poltrona alziamo i piedi neanche un pollice da terra, smettiamo di essere soldati nell'esercito degli eletti; diventiamo disertori. Loro marciano in battaglia. Noi galleggiamo tra i rami nella corrente; volteggiando alla rinfusa con le foglie morte sul prato, non piú responsabili, non piú interessati, capaci forse per la prima volta dopo anni di guardarci intorno, o in alto – di guardare, ad esempio il cielo». La malattia insomma accresce la solitudine in noi, ci allontana dal mondo della esteriorità e della distrazione, della indifferenza e della noncuranza, ci induce a seguire i sentieri misteriosi che portano alla nostra interiorità.

Frammenti di cielo.

Quando ci ammaliamo, cambia radicalmente il nostro modo di guardare il cielo, come ci dicono ancora le parole spumeggianti della grande scrittrice inglese. «Di solito è impossibile guardare il cielo per un periodo lungo di tempo. I pedoni sarebbero intralciati e sconcertati da un pubblico osservatore del cielo. I frammenti di cielo che riusciamo a rubare sono mutilati da comignoli e chiese, servono da sfondo all'uomo, significano pioggia o bel tempo, tingono d'oro le finestre, e riempiendo lo spazio tra i rami completano il pathos dei platani delle piazze di Londra, d'autunno tutti scapigliati». La percezione del cielo non è sempre la stessa, si trasforma, e si rinnova, senza fine, e allora non mi stanco di citarne ancora queste parole. «Ora, diventati una foglia, o una margherita, supini, lo sguardo rivolto in alto, scopriamo che il cielo è qualcosa di cosí diverso, ma cosí diverso, che ne siamo scioccati. Ecco dunque cos'è che da tanto tempo andava avanti senza che lo sapessimo! – un incessante farsi e disfarsi di forme, nuvole che s'ammassano insieme e trascinano da settentrione a mezzogiorno vaste teorie di navi e vagoni, sipari di luci e ombre che s'aprono e ricadono senza posa, un'interminabile sperimentazione di raggi dorati e ombre azzurre, il sole che si vela e si svela, bastioni di rocce addensati nell'aria e distrutti – un'attività senza fine, con lo spreco di dio sa quanti milioni di cavalli vapore di energia, che anno dopo anno procede secondo la sua volontà».

La malattia in Virginia Woolf, e la solitudine che a essa si accompagna, perdono la loro dimensione di dolore e di sofferenza, e divengono fonte di immaginazione e di riflessione, che guarendo si inaridiscono, o si spengono. Non si ha a che fare con una malattia che svuoti di senso la speranza, ma con una malattia dalla quale riemergano modi diversi di guardare il cielo, e di conoscere cosa si muova negli abissi della nostra interiorità, consentendoci cosí di convertire la malattia in esperienza di rinnovamento personale. Non la solitudine, causata da una malattia del corpo, da una influenza, o da una qualsiasi altra malattia del corpo, ha indotto Virginia Woolf a scegliere di morire, ma quella che rinasceva da una lacerante sofferenza dell'anima, intessuta di angoscia e di disperazione, dalla quale è stata accompagnata nel corso della sua vita. Il suo romanzo piú affascinante, lo dovremmo leggere tutti, *Le onde*, è una straziante testimonianza degli intrecci fra immaginazione creatrice e follia.

Rientrare in noi stessi.

La solitudine, che è il cuore di ogni malattia, ci invita a guardare dentro di noi, a distaccarci dal fascino della vita esteriore, e dalle banalità quotidiane, e a seguire il cammino misterioso che porta alla nostra interiorità. Certo, lo vorrei ripetere, nello scorrere tumultuoso delle nostre giornate, noi non viviamo nel tempo del passato (della memoria come fonte dei ricordi), e nemmeno nel tempo del futuro (delle attese e della speranza), ma nel tempo del presente (dell'istante che non ha storia, e non ha futuro), e consideriamo inutile riflettere sul senso della nostra vita, sulle nostre sofferenze, e su quelle degli altri, sul nostro destino.

Le cose cambiano nel corso di una malattia nella quale non è facile non riflettere sulle nostre esperienze, le nostre colpe, volontarie o involontarie, le nostre attese e le nostre speranze, i nostri impegni e i nostri doveri, e in fondo il nostro destino. Le malattie, quelle del corpo e quelle dell'anima, ci consentono di fare esperienze che nella vita di ogni giorno non sempre ci sono possibili. Sí, una cosa è dire questo, quando non siamo malati, e una cosa parlarne quando lo siamo. Ma non possiamo non fare nel corso della nostra vita, in ogni età della nostra vita, l'esperienza della malattia, talora della malattia grave, e allora ricordando quelle giornate, o quelle settimane, di angoscia e talora di disperazione, vorrei chiedermi come sia possibile non concordare con la tesi che la malattia rigenera sofferenze capaci di ridestare introspezione e immedesimazione nella nostra vita interiore, e anche comprensione delle cose essenziali della vita.

La malattia, ogni malattia, si accompagna alla dolorosa esperienza della solitudine che, quando è solitudine creatrice, ci induce a ripensare a quello che abbiamo fatto nella nostra vita, e a quello che ancora ci rimane da fare, e che la malattia ci consente di meglio conoscere. La malattia passa, ma non passa la sofferenza, il ricordo della sofferenza, che ha accompagnato la malattia, e non è facile ridare un senso alla malattia quando non guarisce.

La solitudine è in ogni caso la condizione umana che con maggiore frequenza si associa alla malattia, a quella in particolare che ci trattiene in un ospedale. La malattia accresce vertiginosamente le nostre sensibilità e le nostre intuizioni, le nostre inclinazioni alla analisi delle nostre emozioni e alla comprensione di quelle degli altri da noi, e allora, ammalandoci, siamo portati a cogliere il nostro diverso modo di vivere nei confronti di chi stando bene non può comprendere fino in fondo la fragilità, e le speranze infrante, che alla malattia si accompagnano. Ma non c'è ovviamente una sola solitudine, una sola modalità di espressione, e questo perché ci sono solitudini rapsodiche e struggenti, dolorose e nostalgiche, friabili e impenetrabili, creatrici e raggelanti, autistiche e dialogiche, aperte e chiuse alla speranza, e ciascuna di queste diverse forme di espressione della solitudine ci immerge in una diversa relazione con il mondo della vita.

La solitudine in psichiatria.

Alla solitudine del malato si accompagna quella del medico, e in particolare dello psichiatra, che, nell'incontro con un paziente, conosce la solitudine, sia pure in un contesto dialogico di ascolto, e di accoglienza. La morte volontaria è una silenziosa dolorosa interlocutrice di ogni incontro: mai estranea alla depressione, e alla dissociazione mentale, e anche alle crisi adolescenziali. Non ci sono sintomi che consentano di conoscere la presenza di idee di suicidio; e solo la intuizione e la crescita della fiducia fra chi cura e chi è curato consentono di intravedere i pensieri di un paziente, e talora di poterne parlare: cosa che ha un grande valore terapeutico. Sia in manicomio e nell'Ospedale Maggiore della Carità di Novara, sia negli anni in cui ho fatto libera professione, mi sono incontrato con pazienti come Chiara e Angelica, divorate da una depressione ostinata, nelle quali l'idea di giungere al suicidio rendeva ogni colloquio solcato dalle ombre della solitudine e dell'angoscia, del silenzio e della paura, della inquietudine e della disperazione, che si incrinavano improvvisamente sulla scia di frantumi di speranza: esili stelle cadenti.

Le parole, non potevo talora non dirle, sia pure temendo di rompere la fragile tela della fiducia, premessa alla cura in psichiatria, si alternavano in queste pazienti a lunghe pause di silenzio: la loro solitudine e la loro angoscia non erano lontane dall'essere le mie; e, quando questo avviene, giunge misteriosa la salvezza.

Questa è una altra immagine della solitudine che solo la psichiatria conosce, e che ci consente di coglierne una dimensione arcana, e profonda, temeraria, e arrischiata.

La solitudine nella poesia.

La psichiatria, quando si confronta con le grandi emozioni della vita, ha bisogno della poesia nella quale si riflettono meglio le luci e le ombre della solitudine. Ci sono solitudini che si muovono sulle ali leggere e nostalgiche di una malinconia che si mantiene nei confini di uno stato d'animo, di una *Stimmung* elegiaca, come quella che risuona nelle poesie e nelle prose liriche di Francesco Petrarca e di Giacomo Leopardi, di Emily Dickinson e di Rainer Maria Rilke, di Katherine Mansfield e di Antonia Pozzi.

Sono poesie immerse in una solitudine fragile e friabile, arcana e impalpabile, umbratile e silenziosa, ricolma di luce e di mistero, che ci avvicina alle radici profonde della nostra vita interiore. La immaginazione poetica ci fa cogliere aspetti emblematici della solitudine come *Stimmung*, questa magica parola tedesca, come forma di vita, e a questo riguardo vorrei citare il celebre sonetto di Francesco Petrarca.

> Solo et pensoso i piú deserti campi
> vo mesurando a passi tardi et lenti,
> et gli occhi porto per fuggire intenti
> ove vestigio human la rena stampi.
>
> Altro schermo non trovo che mi scampi
> dal manifesto accorger de le genti,
> perché negli atti d'alegrezza spenti
> di fuor si legge com'io dentro avampi:
>
> sí ch'io mi credo omai che monti et piagge
> et fiumi et selve sappian di che tempre
> sia la mia vita, ch'è celata altrui.
>
> Ma pur sí aspre vie né sí selvagge
> cercar non so, ch'Amor non venga sempre
> ragionando con meco, et io collui.

La solitudine è il *Leitmotiv* del sonetto: soltanto la solitudine consente al poeta di sfuggire agli occhi della gente che, non vedendo tracce di gioia nei suoi sguardi, capirebbe come egli arde di amore. La paura lo induce a rifugiarsi nella solitudine che nasconde le sue emozioni, ma questo non basta ad arginare le fiamme di amore che continua a parlare con il poeta. La solitudine è ricondotta con una straordinaria icastica modernità di linguaggio alle sue sorgenti interiori.

Il passero solitario.

La solitudine è una delle mirabili parole tematiche dei canti di Giacomo Leopardi, e in particolare di uno di essi, *Il passero solitario*, che non si finisce mai di leggere, meditando sulle sue parole arcane e musicali, e che si compone di tre stanze.

La prima:

> D'in su la vetta della torre antica,
> passero solitario, alla campagna
> cantando vai finchè non more il giorno;
> ed erra l'armonia per questa valle.
> Primavera dintorno
> brilla nell'aria, e per li campi esulta,
> sí ch'a mirarla intenerisce il core.
> Odi greggi belar, muggire armenti;

gli altri augelli contenti, a gara insieme
per lo libero ciel fan mille giri,
pur festeggiando il lor tempo migliore:
tu pensoso in disparte il tutto miri;
non compagni, non voli,
non ti cal d'allegria, schivi gli spassi;
canti, e cosí trapassi
dell'anno e di tua vita il piú bel fiore.

La seconda:

Oimè, quanto somiglia
al tuo costume il mio! Sollazzo e riso,
della novella età dolce famiglia,
e te german di giovinezza, amore,
sospiro acerbo de' provetti giorni,
non curo, io non so come; anzi da loro
quasi fuggo lontano;
quasi romito e strano
al mio loco natio,
passo del viver mio la primavera.
Questo giorno ch'omai cede alla sera,
festeggiar si costuma
al nostro borgo.
Odi per lo sereno un suon di squilla,
odi spesso un tonar di ferree canne,
che rimbomba lontan di villa in villa.
Tutta vestita a festa
la gioventú del loco
lascia le case, e per le vie si spande;
e mira ed è mirata, e in cor s'allegra.
Io, solitario in questa
rimota parte alla campagna uscendo,
ogni diletto e gioco

> indugio in altro tempo; e intanto il guardo
> steso nell'aria aprica
> mi fère il Sol che tra lontani monti,
> dopo il giorno sereno,
> cadendo si dilegua, e par che dica
> che la beata gioventú vien meno.

La terza:

> Tu solingo augellin, venuto a sera
> del viver che daranno a te le stelle,
> certo del tuo costume
> non ti dorrai; chè di natura è frutto
> ogni vostra vaghezza.
> A me, se di vecchiezza
> la detestata soglia
> evitar non impetro,
> quando muti questi occhi all'altrui core,
> e lor fia vòto il mondo, e il dí futuro
> del dí presente piú noioso e tetro,
> che parrà di tal voglia?
> che di quest'anni miei? che di me stesso?
> Ahi! pentirommi, e spesso,
> ma sconsolato, volgerommi indietro.

La solitudine è comune al passero e al poeta, ma nel passero è conseguenza della natura, e nel poeta una dolorosa scelta. Il modo di essere dell'uno non è diverso da quello dell'altro, ma radicalmente diverso ne è il destino: solo il poeta si pentirà del suo modo di essere vissuto, e rimpiangerà la giovinezza perduta. La solitudine è la grande solitudine interiore, la solitudine che dilata prodigiosamente i confini delle nostre intuizioni e delle nostre meditazioni, la solitudine che è lambita dalla malinconia, la solitudine trasognata che si apre a una impossibile speranza.

La solitudine rinfranca l'anima.

La ragione d'essere della solitudine, la sua sfolgorante decifrazione semantica, rinasce dalle parole di Leopardi, che cosí la descrive nel *Discorso sopra lo stato presente dei costumi degl'Italiani*: «La solitudine rinfranca l'anima e ne rinfresca le forze, e massime quella parte di lei che si chiama immaginazione. Ella ci ringiovanisce. Ella scancella quasi o ristringe o indebolisce il disinganno, quando abbia avuto luogo, sia pure stato interissimo e profondissimo. Ella rinnuova la vita interna. In somma, bench'ella sembri compagna indivisibile e quasi sinonimo della noia, nondimeno per un animo che vi abbia contratto una certa abitudine, e con questa sia divenuto capace di aprire e spiegare e mettere in attività nella solitudine le sue facoltà, ella è piú propria a riconciliare o affezionare alla vita, che ad alienarne, a rinnovare o conservare o accrescere la stima verso gli uomini e verso la vita stessa, che a distruggerla o diminuirla o finir di spengerla. E ciò non per altro se non perchè gli uomini e la vita sono lontani da lei, giacchè ella affeziona o riconcilia propriamente e piú particolarmente non alla vita presente, cioè a quella che si mena in essa solitudine, ma a quella del mondo che s'è abbandonata intermessa con disgusto».

Sono pensieri che colgono l'essenza della solitudine, della grande solitudine creatrice, della solitudine che si apre all'infinito; ma ci sono in Leopardi altre splendide analisi della solitudine che è colta e descritta nelle sue infinite parabole esistenziali. Nello *Zibaldone*, il 20 febbraio 1821, egli dice che la solitudine è un conforto all'uomo nel suo attuale stato sociale. Queste le sue parole: «Il giovanetto ancora chiuso fra le mura domestiche, o in casa di educazione, o soggetto all'altrui comando, è felice nella solitudine per le illusioni, i disegni, le speranze di quelle cose che poi troverà vane o acerbe: e questo ancorchè egli sia d'ingegno penetrante, e istruito, ed anche, quanto alla ragione, persuaso della nullità del mondo. L'uomo disingannato, stanco, esperto, esaurito di tutti i desideri, nella solitudine appoco appoco si rifà, ricupera se stesso, ripiglia quasi carne e lena, e piú o meno vivamente, a ogni modo risorge, ancorchè penetrantissimo d'ingegno, e sventuratissimo».

La solitudine è rivissuta, ed è descritta, seguendo sentieri ermeneutici originali, e profondi.

Amare la solitudine.

Il discorso di Leopardi sulla solitudine continua cosí: «Dalle dette considerazioni segue che oggi l'uomo quanto è piú savio e sapiente, cioè quanto piú conosce, e sente l'infelicità del vero, tanto piú ama la solitudine che glielo fa dimenticare, o glielo toglie dagli occhi, laddove nello stato primitivo l'uomo amava tanto piú la solitudine, quanto maggiormente era ignorante e incolto. E cosí l'ama oggidí quanto piú è sventurato, laddove anticamente, e primitivamente la sventura spingeva a cercare la conversazione degli uomini, per fuggire se stesso. La qual fuga di se stesso oggi è impossibile nella società all'uomo profondamente sventurato, e profondamente sensibile, e conoscente; perchè la presenza della società, non è altro che la presenza della miseria, e del vuoto. Perchè il vuoto, non potendo essere riempito mai se non dalle illusioni, e queste non trovandosi nella società quale è oggi, resta che sia meglio riempiuto dalla solitudine, dove le illusioni sono oggi piú facili per la lontananza delle cose, divenute loro contrarie e mortifere, all'opposto di quello ch'erano anticamente».

L'elogio della solitudine rinasce da altre pagine dello *Zibaldone*: il 12 maggio 1825, Festa dell'Ascensione, egli scrive: «Ad ogni filosofo, ma piú di tutto al metafisico è bisogno la solitudine. L'uomo speculativo e riflessivo, vivendo attualmente, o anche solendo vivere nel mondo, si gitta naturalmente a considerare e speculare sopra gli uomini nei loro rapporti scambievoli, e sopra se stesso nei suoi rapporti cogli uomini. Questo è il soggetto che lo interessa sopra ogni altro, e dal quale non sa staccare le sue riflessioni». Ma cosa avviene se la solitudine è in noi? «Quegli al contrario che ha l'abito della solitudine, pochissimo s'interessa, pochissimo è mosso a curiosità dai rapporti degli uomini tra loro, e di sé cogli uomini; ciò gli pare naturalmente un soggetto e piccolo e frivolo»; cosí che, contratto l'abito della solitudine, il filosofo, che era prima filosofo di società, diviene filosofo metafisico.

Sono parole di una vertiginosa profondità che ci immergono nel cuore della solitudine: espressione di una forma di vita facilmente ignorata nella sua importanza umana, e nella sua fondazione etica. Non si finisce di leggerle, e di ripensarle, nel corso degli anni, senza mai stancarsi, e a ogni lettura intravedendo nuove originali interpretazioni della solitudine, e delle sue metamorfosi.

La solitudine non si osi sondarla.

La solitudine è il tema di due poesie di Emily Dickinson: l'una è enigmatica e lambita dall'angoscia che l'anima sola illumina, e l'altra invita a vivere la solitudine nella sua ricchezza umana.

La prima è questa:

La solitudine non si osi sondarla –
è meglio fare ipotesi
che andare scandagliando la sua fossa
per chiarirne la misura –

> la solitudine, il cui incubo peggiore
> è che le accada di vedersi –
> è perire al cospetto di se stessa
> dopo uno sguardo appena –
>
> l'orrore che non va osservato –
> ma aggirato nel buio –
> con la coscienza sospesa –
> e l'essere sotto chiave –
>
> questo temo – sia la solitudine –
> l'Artefice dell'anima
> le sue caverne e corridoi
> sigilli – o illumini –

Sono i lineamenti oscuri e strazianti della solitudine a rinascere da questi versi enigmatici. Fra i molti volti possibili della solitudine, quello luminoso e quello accorato, quello contemplativo e quello angosciato, quello nostalgico e quello aperto alla speranza, c'è anche il volto della solitudine che non si osa guardare, e non si osa sondare nella sua natura. In questa poesia, animata da una introspezione dolorosa e febbrile, temeraria e oscura, la solitudine non vuole vedersi: intimidita dal timore della morte.

L'altra poesia, che vorrei ora citare, è questa:

> C'è un'altra solitudine
> molti ne muoiono senza –
> non nasce dal bisogno di un amico
> o dalle circostanze della sorte
>
> ma dalla natura, a volte, a volte dal pensiero
> e chiunque la viva
> è piú ricco di quanto mai rivelino
> i numeri mortali –

Andiamo alla ricerca di questa solitudine che è in noi in ogni circostanza della vita, e che ne accresce la ricchezza.

La grazia della solitudine.

Da una poesia di Katherine Mansfield riemergono la fragilità e la grazia della solitudine, le sue oscillazioni e le sue ombre, le sue figure e le sue cifre enigmatiche, le sue ferite e le sue aeree leggerezze, il suo sconfinare nel silenzio e la sua stanchezza.

> Ora è la Solitudine, e non il Sonno,
> che viene la notte a sedersi vicina al mio letto.
> Distesa come una bimba stanca attendo
>   il suo passo,
> e la guardo spegnere la luce con un soffio lieve.
> Sedendo immobile, non si volge né a destra
> né a sinistra, ma stanca, stanca abbassa il capo.

Anche lei è vecchia, anche lei ha
                    combattuto tanto
da meritare la corona d'alloro.

Nella triste oscurità lenta rifluisce la marea
e s'infrange sull'arido lido, inappagata.
Soffia un vento insolito: poi il silenzio.
                    Sono pronta
ad abbracciare la Solitudine, a prenderle la mano,
ad aggrapparmi a lei, aspettando che l'arida terra
si imbeva della terribile monotonia della pioggia.

La climax emozionale, e la tensione narrativa, della poesia di Katherine Mansfield sono diverse da quelle delle poesie di Emily Dickinson: in essa si rispecchiano le esperienze del dolore e della malattia mortale che hanno sigillata la breve vita della scrittrice neozelandese, consentendoci di conoscere un'altra immagine della solitudine. La poesia non ha le balenanti immagini dei versi di Emily Dickinson, e nondimeno le penombre del dolore e della morte si intravedono nell'una e nell'altra.

Le lettere a un giovane poeta.

Sono prose poetiche, e nondimeno dilatano i confini di conoscenza della solitudine, le bellissime lettere che Rainer Maria Rilke ha inviato a un giovane poeta, e che non possono non essere citate in ogni discorso che si confronta con il tema della solitudine. In una delle lettere Rilke invita il giovane poeta ad amare la solitudine, dicendo che è di aiuto anche nelle circostanze dolorose della vita, e in una altra lettera essa è descritta con queste parole febbrili e accorate: «C'è solo *una* solitudine, e quella è grande e non è facile a portare e a quasi tutti giungono le ore in cui la permuterebbero volentieri con qualche comunione per quanto triviale e a buon mercato, con l'apparenza di un minimo accordo col primo capitato, col piú indegno... Ma sono forse quelle le ore in cui la solitudine cresce; ché la sua crescita è dolorosa come la crescita dei fanciulli e triste come l'inizio delle primavere»; e ancora: «Ma questo non vi deve sviare. Questo solo è che abbisogna: solitudine, grande intima solitudine. Penetrare in se stessi e per ore non incontrare nessuno, – questo si deve poter raggiungere. Essere soli come s'era soli da bambini, quando gli adulti andavano attorno, impigliati in cose che sembravano importanti e grandi, perché i grandi apparivano cosí affaccendati e nulla si comprendeva del loro agire». Sono parole bellissime, immerse in una nostalgica rinascita della sua infanzia, e della solitudine che la accompagnava.

La solitudine è nondimeno scelta, o destino? Un tema, questo, che riemerge da una delle ultime lettere. «E se torniamo a parlare della solitudine, si chiarisce sempre piú che non è cosa che sia dato scegliere o lasciare. Noi *siamo* soli. Ci si può ingannare su questo e fare come se non fosse cosí. È tutto. Ma quanto meglio è comprendere che noi lo siamo, soli, e anzi muovere di lí. E allora accadrà che saremo presi dalle vertigini; ché tutti i punti, su cui il nostro occhio usava riposare, ci vengono tolti, non v'è piú nulla di vicino, e ogni cosa lontana è infinitamente lontana». Sono parole di grande chiarezza tematica, e come non immedesimarsi nelle loro affascinanti sfere emozionali? A queste ne seguono altre, limpide e sfavillanti, che invitano il giovane poeta a non preoccuparsi se una grande tristezza invade la sua anima. «Dovete pensare che qualcosa accade in voi, che la vita non vi ha dimenticato, che vi tiene nella sua mano; non vi lascerà cadere. Perché volete voi escludere alcuna inquietudine, alcuna sofferenza, alcuna amarezza dalla vostra vita, poiché non sapete ancora che cosa tali stati stiano lavorando in voi?»

Le immagini della solitudine, che riemergono da queste lettere si leggono con emozione, e non è possibile non citarle, quando si parla, o si scrive, di solitudine. Sono immagini che ci accompagnano alla migliore conoscenza possibile della condizione umana della solitudine, e della sua influenza sulla vita di ogni giorno. Sono parole che non ci si stanca di rileggere senza fine, e non si dimenticano.

Quando si fa sera.

Le poesie di Antonia Pozzi sono specchi nei quali è possibile riconoscere qualcosa della vita, delle attese e delle speranze, che la giovinezza fa crescere in noi, e che in lei la vita ha inaridito fino a portarla alla morte volontaria: sua ultima fragile speranza. Sono poesie, che non hanno l'immaginazione creatrice di quelle di Giacomo Leopardi e di Emily Dickinson, e che risuonano della voce ora umbratile e sommessa ora struggente e nostalgica della solitudine. Fra le sue poesie vorrei citare quella che scrisse a ventuno anni, e testimonia di una adolescenza, nella quale, nonostante l'intelligenza, la bellezza, l'agiatezza e l'ampiezza delle relazioni sociali, dilagavano brucianti ferite dell'anima. Continuo a chiedermi come sia stato mai possibile che nessuno abbia presagito qualcosa della solitudine, in cui Antonia Pozzi viveva, e della nostalgia della morte, che alcune sue lettere lasciavano presagire.

La poesia è questa:

Benché l'odore delle foglie nuove ti desti
ad una voglia di umano sole

ed il tramonto non trascolorato ancora in sera
ti spinga
per vie di terra
– remote
le soglie spente del cielo –

tu cerchi invano chi possa
in quest'ora per un tuo voto giungere
presso il tuo cuore –

vero è che nessuno
piú giunge presso il tuo cuore
inaccessibile –

ch'esso è fatto solo –
dannato ai gridi
delle sue
rondini –

La poesia, una delle piú belle di Antonia Pozzi, è immersa in una climax emozionale, intessuta di tristezza e di nostalgia, di smarrimento e di inquietudine dell'anima, che sconfinano nell'esperienza di una straziata solitudine. Il suo cuore è solo, e non c'è nessuno che gli si avvicini: un tema che è nello sfondo di molte sue poesie, ma con svolgimenti narrativi, che non si ripetono mai, sulla scia di immagini arcane e scintillanti.

Di Antonia Pozzi, della sua immaginazione poetica, vorrei citare ora le cose bellissime e struggenti che sono state scritte da Gabriele Scaramuzza. «Ad Antonia Pozzi mi legano *Wahlverwandtschaften* che vanno oltre ogni innegabile diversità, in lei mi sono a modo mio riconosciuto – per quanto è possibile, certo, date invalicabili differenze di tempi, di situazioni economico-sociali, di vicende attraversate, e, non ultimo, di genere. Ha rappresentato per me una rivelazione e, ancora piú, una conferma del disagio che avvertivo nell'universo banfiano: delle inquietudini (spesso occultate) che lo hanno attraversato e che ho avvertito sulla mia stessa pelle. Il modo di essere di Antonia in esso, e di reagirvi, ha avuto una forte presa su di me». Intrecciando il destino umano e poetico di Antonia Pozzi a quello della scuola di Antonio Banfi, che negli anni Trenta e Cinquanta ha insegnato Storia della filosofia ed Estetica alla Università di Milano, Gabriele Scaramuzza dice ancora di lei: «Nel destino di Antonia, e insieme del modo di far poesia da lei testimoniato, si è configurato per me il destino di un'intera dimensione esistenziale che va loro connessa: tra ripiegamento interiore, tematiche esistenziali e genericamente religiose, sfere della sensibilità emarginate, scacchi personali. [...] Ma, insieme, nel destino di Antonia si è rispecchiato il destino dei seguaci di Banfi (e non sono pochi) che delle pieghe piú problematiche del suo pensiero, e del negativo dei loro tempi, sono rimasti vittime». Sono considerazioni, che danno grande respiro umano e filosofico alle inquietudini della vita e della poesia di Antonia Pozzi.

La solitudine di un monastero.

Conosco (anche) la solitudine di uno splendido monastero, l'abbazia benedettina Mater Ecclesiae, che rinasce come una torcia sempre accesa dall'isola di San Giulio, immersa nelle acque tranquille del lago d'Orta, e che è stata fondata da madre Anna Maria Cànopi: creando una comunità monastica mirabilmente animata dalla luce della preghiera e della grazia, della fede e della speranza, dalle quali si è folgorati nel momento in cui si entra in monastero.

Sono molti i testi di madre Cànopi, le sue meditazioni, e le sue bellissime poesie, e fra queste vorrei citarne una (*Nativa sorgente*), che ha come parola tematica la vita interiore.

La poesia è questa:

> O mia nativa sorgente,
> poesia,
> dove ti sei infossata,
> dove ti sei dispersa
> nelle mie quotidiane fatiche?
> Spogliata del tempo,
> giorno e notte,
> senza posa
> muoio nel dare la vita.
>
> O mia segreta sorgente,
> poesia,
> che io ti ritrovi,
> dopo il lungo silenzio,
> nel chinarmi, pietosa,
> sui giacenti all'argine
> della mia strada...
> non potendo passare oltre.

> Che io ritrovi
> limpida come nell'infanzia,
> là dove tutto rifluisce,
> là dove somma lode
> è il silenzio.

In monastero, ci sono stato alcune volte, ho conosciuto la solitudine, immaginando il fiume ininterrotto di meditazioni e di silenzi, di solitudine e di lavoro, che, alla luce delle preghiere, scorre nei giorni, e nelle notti, delle sorelle benedettine. In basilica, nella splendida immensa basilica, ho ascoltato i loro canti, e ho intravisto i loro volti, e i loro sguardi, quando, ombre luminose negli abiti monacali, dal monastero entravano in basilica. Nel dire queste cose non posso non ricordare un giorno di molti anni fa quando, invitato da madre Anna Maria Cànopi, ho svolto in basilica alcune mie considerazioni sulla speranza, e mi sono sentito (quasi) naufragare nel silenzio e nella solitudine, nella attenzione e nella luce degli occhi, delle sorelle benedettine. Nella loro presenza silenziosa e arcana, nelle loro ombre fuggitive, nutrite della gioia e della grazia, cercavo di intravedere una qualche fragile consonanza con le cose che dicevo. Le mie parole sulla speranza risuonavano nel silenzio attonito della immensa basilica, e rinascevano dalla mia ricerca di comunione con le persone presenti, benedettine e non benedettine, chiedendomi se le mie parole ridestavano qualche esile risonanza nei loro cuori. Questo non lo sapevo, ma in ogni caso la mia solitudine, la solitudine in cui si è immersi quando si parla in una basilica cosí vasta, si rispecchiava nelle solitudini delle monache, e ne nasceva una misteriosa armonia.

Cosa che ho provato molti anni dopo quando sono stato invitato dall'abate vescovo di Sant'Ambrogio a tenere in basilica, solcata dai fulgori della sua mistica bellezza, una riflessione sulla Quaresima. Ancora una volta, silenzio e solitudine nella loro stremata musicalità si intrecciavano nel mio cuore, e in quello delle persone, giovani e non piú giovani, che erano presenti. Nelle settimane, in cui scrivo questo libro sugli sconfinati orizzonti della solitudine, l'una e l'altra basilica rinascevano dalla mia memoria, e mi davano il senso attonito del mistero nel quale, come diceva il grande teologo luterano Dietrich Bonhoeffer – che moriva in un campo di concentramento tedesco, a poche settimane dalla Liberazione –, è immersa la nostra vita.

L'isola del tesoro.

La solitudine insomma nasce e muore in ciascuno di noi, di situazione in situazione, ma dovremmo sentirci chiamati a desiderarla, e a farla rinascere in noi, nel cammino imprevedibile della nostra vita. Certo: non è facile salvare in noi la solitudine, questa isola del tesoro sempre cercata, e non sempre trovata, ma non stanchiamoci dall'andarne alla ricerca. La solitudine ci dovrebbe accompagnare nel cammino della nostra vita, anche se talora è fonte di dolore, confrontandosi con le nostre emozioni, e le nostre passioni, con le nostre fragilità, e le nostre delusioni: con le nostre ferite dell'anima. Di una sconvolgente climax emozionale è intessuta la solitudine, incrinata dalle ombre dell'isolamento, che è immagine tematica di uno dei film piú affascinanti che mai siano stati realizzati. Non si può non rivederlo con indicibile emozione.

La solitudine in Ingmar Bergman.

Una solitudine ben diversa da quella che ho ora descritto è la solitudine che è il tema di alcuni film di Ingmar Bergman, e in particolare di *Sussurri e grida* (1972), e di questo film vorrei dire qualcosa che dilati i confini della comprensione della solitudine. Un film di straordinaria bellezza, nel quale il tema della solitudine, della solitudine interiore e della solitudine che è isolamento, si unisce al tema della memoria, del dolore dell'anima e del corpo, della pietà, della malattia, del suicidio mancato, della angoscia della morte, e infine della morte. Riconsidero questo film da una articolazione ermeneutica diversa da quella seguita in un altro mio libro, *La solitudine dell'anima*, scritto in anni lontani, inserendolo ora in un orizzonte tematico che ne aggiorna il modo di essere.

I temi del film si intrecciano gli uni agli altri, ma il *Leitmotiv*, che li riunisce, è quello della solitudine. In una grande casa Agnese muore divorata dalla malattia, e assistita da Anna, una giovane donna, alla quale si aggiungono negli ultimi giorni di vita le sorelle di Agnese, Karin e Maria, l'una diversa dall'altra, ma l'una e l'altra immerse in una comune arida solitudine. La malattia dilaga, Agnese morendo invoca la madre, e Anna, la giovane donna inebriata di tenerezza, risponde al suo grido disperato stringendola a sé in un ultimo gesto di amore. La morte di Agnese induce Maria a riavvicinarsi a Karin, che legge il diario di Agnese, e ne cita parole struggenti: «Ho avuto il regalo piú bello che una persona può ricevere in vita sua. Il regalo ha molti nomi: solidarietà, amicizia, calore umano, affetto. Credo che la grazia sia proprio questo». Ascoltandole, Maria accarezza il volto di Karin che le dice di non toccarla, di avere pensato tante volte al suicidio, e di odiarla, e nondimeno si avvicina alla sorella, l'accarezza e la bacia, piangendo, ma subito dopo l'allontana, dicendole di continuare a odiarla. L'una e l'altra sorella sono prigioniere di questa reciproca desertica solitudine, che le isola dal mondo della vita, e non consente né all'una né all'altra di ringraziare Anna dell'amore dimostrato ad Agnese.

La solitudine di Agnese, anche nel corso dei lunghi anni di malattia, non è mai stata una solitudine chiusa, ma, come ci dicono le parole del diario, una solitudine aperta ai valori dell'amicizia, della solidarietà, dell'accoglienza e della speranza: valori che sono comuni ad Agnese e ad Anna, ed estranei a Karin e a Maria: immerse nell'arido deserto delle emozioni, e in una solitudine incapace di relazione, e di alterità. Al tema della solitudine si associa nel film quello del linguaggio del corpo vivente: degli occhi e degli sguardi, dei volti e dei gesti, che i primi piani del film ci fanno cogliere nelle loro diverse scansioni emozionali. Sono sguardi e volti che ci immergono negli abissi del cuore umano: nel dolore dell'anima e del corpo, nell'angoscia e nella tristezza, nelle inquietudini e nella disperazione, che si alternano in Agnese e in Anna, e talora anche in Maria che non è del tutto estranea al destino di Agnese: come lo è invece Karin murata viva nella sua agghiacciante solitudine, e nella immobilità pietrificata del suo volto. Negli occhi di Anna, vasti come il mare, e nel suo volto gentile, si colgono i segni della infinita dedizione ad Agnese, e della esangue rassegnazione al destino che è nella vita.

Nel film la solitudine è matrice di ricordi dolcissimi e strazianti. Cosí, da un primo flashback rinasce il volto di Agnese nella sua bellezza adolescenziale ferita dalla innocenza e dalla timidezza, e in un secondo flashback il suo volto malato grida nel silenzio e nel dolore, nell'angoscia della morte e nella disperata nostalgia di una vita che non è piú possibile trattenere: si muore soli. Da un altro flashback rinascono le immagini lontane nel tempo delle tre sorelle che, vestite di bianco, in una pausa della malattia di Agnese, si ritrovano insieme, felici, nel grande parco della casa antica.

Un film straordinario che aiuta la psichiatria a ripensare ai significati della vita e della morte, del vivere e del morire, del rinascere delle emozioni e del loro svanire, della sensibilità e della insensibilità, dell'egoismo e dell'altruismo, dell'amore e dell'odio, della sincerità e della insincerità, che rinascono dalla solitudine creatrice, e che inaridiscono nel silenzio ghiacciato dell'isolamento.

La solitudine è comunione.

La solitudine è comunione, apertura agli altri, e non c'è comunicazione che non abbia come premessa la solitudine che dia ali alle parole, e le riempia di contemplazione e di silenzio. La solitudine nasce dalla interiorità, ed è uno stato dell'anima, che si costituisce come momento diastolico della vita: come dimensione essenziale di ogni relazione fondata sulla alterità. La solitudine è una esperienza interiore che ci aiuta a dare un senso alla vita di ogni giorno, e ci consente di distinguere le cose essenziali da quelle che non lo sono. Certo, rientrando nella nostra vita interiore, nella solitudine e nel silenzio che sono in noi, avvertiamo l'importanza della riflessione e della meditazione, delle attese e delle speranze, alle quali ispirare i nostri pensieri e le nostre azioni. Solo cosí è possibile sfuggire all'egoismo e alla mancanza di amore, alla noncuranza e alla indifferenza. Sono tentazioni che non ci consentono di realizzare i valori autentici della vita: quelli della comunione e della donazione, della partecipazione al destino degli altri e della immedesimazione nella gioia e nelle sofferenze degli altri. Sono valori che realizziamo solo se riusciamo a tenere viva nel cuore una solitudine aperta al mondo della vita.

(*Fiorirà come i gigli*. Quante possibili definizioni di solitudine, ma una delle piú belle e arcane è quella di Vladimir Jankélévitch che di essa, nelle sue misteriose relazioni con il silenzio, ha dato una immagine che è fra le piú affascinanti: «Isaia diceva della solitudine: fiorirà come i gigli, crescerà e germoglierà dappertutto, si genererà in un'effusione di gioia e di lode. Le sarà data la gloria del Libano, il fulgore del Carmelo e di Saron. Quanto il profeta diceva a proposito della solitudine, noi a nostra volta ridiciamolo del silenzio. Anche il silenzio esulterà, e su questo terreno nudo fioriranno le rose di Saron. Le sabbie del silenzio si ricopriranno di acque vive e il deserto arido si popolerà di bisbigli e fruscii d'ali, di musiche ineffabili. Nella solitudine, come nel gioioso baccano quotidiano, talvolta sentiremo il suono spezzato delle campane, le campane delle città del silenzio che dolcemente palpitano nella profondità della notte». Sono parole luminose e temerarie che completano, direi, l'immagine arcana della solitudine).

L'ignoto che è in noi.

Noi siamo in viaggio ogni giorno, anche se non sempre ne siamo consapevoli, verso una meta che è la conoscenza della nostra interiorità, delle emozioni e dei pensieri che ne fanno parte. Una meta lontana e vicina, di grande importanza nella nostra vita, che non si raggiunge se non dopo un viaggio faticoso e doloroso, e che continuerà a esserci ignota se non abbiamo il coraggio di guardare dentro di noi, di scendere nelle terre incognite della nostra interiorità, che talora non vorremmo conoscere, temendo, come diceva Nietzsche, di scorgere in essa abissi che ci divorino. *In interiore homine habitat veritas*, sono le celeberrime parole di sant'Agostino, che non dovremmo mai dimenticare, ma molti ostacoli si incontrano nel nostro viaggio *dalla* esteriorità, nella quale siamo immersi, *alla* interiorità.

Questo è il viaggio che avrei voluto fare nella ricerca della solitudine che è in noi, e che tende ogni volta a sfuggire al nostro sguardo. Un viaggio indispensabile non solo alla conoscenza di quello che noi siamo, e anche di quello che sono gli altri, perché nessuno si conosce fino a quando è solo se stesso, ma questo viaggio è possibile solo se la solitudine non ci è estranea. Un viaggio metaforico che la poesia ci aiuta a fare sulla scia di immagini e di metafore, di emozioni e di risonanze arcane, che ci aiutano a cogliere l'indicibile nel dicibile, l'invisibile nel visibile.

L'ultima solitudine.

La psichiatria non può non confrontarsi infine con quella che vorrei chiamare l'ultima solitudine: quella della morte e del morire. La morte non è il morire, la morte è la conclusione della vita, il morire è ancora vivere, ma in ore che non hanno piú sorelle. La psichiatria, quando sia psichiatria della interiorità, non può non riflettere sulle emozioni, che sono in noi, quando la malattia è la malattia mortale, e quando la morte è la morte volontaria. Sí, come diceva Georges Bernanos, si muore soli, e della solitudine del morente ha parlato Norbert Elias, in un suo libro lontano nel tempo e nondimeno attualissimo. Cosa dire a una persona che sta morendo, a una persona che ci è cara, a una persona che è stata in cura, e ai familiari che l'hanno seguita con l'angoscia e la disperazione nel cuore? Ci sono parole che abbiano ancora un senso, e possano essere di un fragile aiuto? La solitudine di chi muore è di indicibile profondità, e talora solo un qualche gesto ha ancora un senso: una carezza, uno sguardo che arda di dolore e di affetto, di vicinanza umana e di comunione, una preghiera che nasca dal cuore, e la speranza contro ogni speranza. L'ultima solitudine non ha parole che possano consolare se non quelle che si nutrano di questa speranza.

Flashback.

Le cose, che sono venuto dicendo della solitudine, cosa hanno a che fare con la psichiatria? Non hanno nulla a che fare con la psichiatria, se essa sia considerata scienza naturale, scienza che non si distingua nelle sue fondazioni teoriche e pratiche dalle altre discipline mediche; hanno invece molto a che fare con la psichiatria come disciplina che sia contestualmente scienza umana, interessata alla malattia, ma anche alla persona malata, agli aspetti biologici della malattia, e a quelli psicologici e sociali. Se è cosí, se pensiamo che la psichiatria non possa non occuparsi delle sofferenze dell'anima e di quelle del corpo, allora è necessario che essa ogni volta si confronti con esperienze umane che fanno parte della vita: quelle della gioia e della tristezza, della inquietudine dell'anima e dell'angoscia, della solitudine e della speranza, della nostalgia e dello smarrimento. Solo tenendo presenti queste esperienze umane, i modi con cui esse cambiano nel corso della nostra vita, è possibile fare una psichiatria umana e gentile, dinamica, e *non* statica, aperta al mondo, e *non* chiusa al mondo degli altri.

Queste sono considerazioni radicate nella realtà di ogni giorno; e dunque come non pensare alla solitudine che ci sommerge nel momento in cui la malattia, quella del corpo e quella dell'anima, scende nella nostra vita, e ci fa immediatamente sentire estranei ai nostri comuni modi di vivere quando la malattia era ancora lontana? Come non pensare (anche) alla solitudine di chi giunge da terre straniere sfidando ogni giorno la morte, e perdendo cosí di frequente la vita, e alla solitudine che nasce irrevocabile dalla scomparsa di una persona cara? La psichiatria conosce ancora la solitudine dell'adolescenza, non di rado delusa nei suoi aneliti e nelle sue attese, ricadendo talora in un isolamento autistico, che è necessario riconoscere nei suoi orizzonti di angoscia e di sofferenza, e nella sua nostalgia di uno sguardo che sappia coglierne i valori nascosti.

Tu, patria mia, solitudine.

Le cose, che sulla solitudine ha scritto Friedrich Nietzsche, il filosofo poeta, cosí è stato definito da Heidegger, ne colgono alcuni aspetti non solo filosofici, ma psicologici e umani, e si snodano in cascate di immagini scintillanti. Queste le sue parole in *Cosí parlò Zarathustra*: «Amico mio, fuggi nella tua solitudine! Io ti vedo assordato dal fracasso dei grandi uomini e punzecchiato dai pungiglioni degli uomini piccoli. La foresta e il macigno sanno tacere dignitosamente con te. Sii di nuovo simile all'albero che tu ami, dalle ampie fronde: tacito e attento si leva sopra il mare. Là dove la solitudine finisce, comincia il mercato; e dove il mercato comincia, là comincia anche il fracasso dei grandi commedianti e il ronzio di mosche velenose». Ma vorrei infine citare una altra sua immagine luminosa e dura come cristallo. «O solitudine! Tu patria mia, solitudine! Come a me parla, tenera e beata, la tua voce! Noi non ci interroghiamo a vicenda né ci lanciamo rimostranze, aperti l'uno all'altro, passiamo per porte aperte. Perché da te è tutto aperto e chiaro; e anche le ore scorrono qui su piedi piú leggeri. Nel buio, infatti, piú che alla luce, è faticoso sopportare il tempo». Questa non è se non *una* immagine fosforescente e fantasmagorica della solitudine, e allora accostiamola alle altre che in questo mio libro ho cercato di fare riemergere nella loro fenomenologia, e nelle loro metamorfosi; nella speranza che il mio discorso possa essere utile a una migliore conoscenza non solo della solitudine che è in noi, ma anche di quella che è negli altri da noi.

La sorella infelice della poesia.

Come non ribadire in queste ultime mie pagine la grande importanza che ha la solitudine in una psichiatria destinata alla ricerca e alla comprensione delle ferite dell'anima, della tristezza, della angoscia, e delle eclissi della speranza? Non potrei concludere questo mio libro senza ricordare come nella vita, e non solo in psichiatria, non si possa non andare alla ricerca delle parole tematiche che indicano i sentieri vitali ed ermeneutici della vita. Nei miei libri, ma anche negli articoli che ho scritto in riviste di psichiatria negli anni della mia vita in manicomio, ho seguito nelle loro continue sequenze tematiche il cammino di queste parole che mi hanno aiutato ad avvicinarmi agli enigmi e al mistero della follia che è anche in noi. Ovviamente, lo vorrei ripetere ancora una volta, follia è una di quelle parole che non si chiudono nei loro confini psicopatologici, ma ne dilatano gli orizzonti di senso, includendo modi di vivere e di essere sigillati dalla fragilità e dalla timidezza, dalla insicurezza e dalla nostalgia, dalla sofferenza e dalla fatica di vivere. Queste connotazioni vaghe e rapsodiche si raccolgono nelle parole di inenarrabile bellezza di Clemens Brentano che definiva la follia sorella infelice della poesia. Metafora, immagine fantasmagorica, scala di Giacobbe, che ci consente di avvicinare la terra e il cielo, ma soprattutto invito a guardare con gentilezza ai modi di essere della sofferenza psichica: umanizzandola, e rispettandola nella sua dignità, e nella sua nostalgia di un colloquio, e di un incontro.

Questo mio discorso non avrebbe senso se non servisse a ridestare qualche interesse psicologico e umano nel considerare la solitudine nella ampiezza dei suoi confini semantici, e nella importanza della conoscenza delle inclinazioni e delle emozioni, della nostalgia e del desiderio di comunione, che sono in ciascuno di noi, e che anelano a essere portate alla luce della esperienza, e della conoscenza. Sono cose che non riguardano solo la solitudine in noi ma soprattutto quella degli altri: delle persone che ci sono care, ma anche delle persone che incontriamo in vita, e in particolare di quelle che hanno bisogno di cura, e hanno come compagne di vita la timidezza, la riservatezza, la ritrosia a rendere manifeste le loro attese, e le loro speranze, le loro inquietudini dell'anima, e le loro disillusioni, le loro angosce, e le loro ansie, le loro nostalgie, e i loro sogni. Sono esperienze di vita che non solo in psichiatria, ma in ogni condizione di vita, dovremmo tenere presenti; anche se non è facile intravedere cosa si nasconda nel cuore della solitudine che rischia ogni volta di nascondere in sé oasi di gioia e di letizia, o vulcani di angoscia e di inquietudine dell'anima, ma anche ceneri di indifferenza e di noncuranza, che la convertono in isolamento a cui la solitudine non può non essere radicalmente estranea.

Ciascuno di noi nelle nostre diverse forme di vita dovrebbe sentirsi chiamato a cogliere e a decifrare le sconfinate aree emozionali che fanno parte di questa misteriosa forma di vita che è la solitudine: matrice di mille possibili inclinazioni dell'anima, che sfuggono alle banalità della indifferenza, alla quale andiamo incontro ogni giorno.

La mia solitudine.

La solitudine non è stata estranea alla mia vita, alla mia infanzia e alla mia adolescenza, ne ho parlato nelle pagine iniziali di questo libro, ma non lo è stata nemmeno in ogni altra età della mia vita. Cosí, ho conosciuto la solitudine, nei lunghi anni della mia vita manicomiale, vivendo in un mondo di dolore e di angoscia, lambito dagli arcobaleni della speranza, che convertivano l'isolamento delle pazienti in solitudine come dialogo. Ho conosciuto la solitudine dei monasteri, quello, cosí vicino alla nostra casa dal grande giardino, che sgorga dall'isola di San Giulio nella sua bellezza luminosa e arcana, nel suo silenzio e nel suo mistero. Ho conosciuto la solitudine del mare nelle lunghe settimane di vacanze in un piccolo paese della Liguria, ancorato alla collina, e ho conosciuto infine la solitudine nella grande casa, immersa nel giardino dagli alberi secolari, nella quale ho scritto i miei libri, accompagnato dal mormorio delle acque di un fiume che le scorre vicino, e dalla vista del monte Rosa. Non sarei (forse) riuscito a scrivere i miei libri, ma nemmeno a essere psichiatra, se dalla Clinica universitaria di Milano non fossi venuto a Novara, nel manicomio che continua a vivere scintillante di echi nella mia memoria, e se non mi fosse stato possibile nelle pause di lavoro immergermi nella solitudine e nel silenzio che in ogni stagione rifiorivano nella nostra grande casa di campagna.

Nell'avviarmi alla conclusione di questo libro vorrei dire che la solitudine mi è sembrata chiarirsi nella sua complessità e nelle sue fondazioni ermeneutiche, nelle sue risonanze emozionali e nei suoi sconfinamenti tematici, nelle sue aperture comunitarie e nelle sue sorgenti poetiche, nelle sue premesse etiche e nei suoi orizzonti di senso. La solitudine è premessa alla conoscenza della nostra interiorità, della nostra soggettività, e della interiorità, della soggettività degli altri da noi. La mia fragile speranza, o almeno la mia illusione, è quella di avere indicato alcuni sentieri che possano portare a una migliore conoscenza della solitudine che è in noi, e della importanza che essa ha in vita.

Commiato.

A fare riemergere dalla solitudine, questa sconosciuta, alcuni dei suoi volti, sono state dedicate queste mie pagine rapsodiche, e in fondo nutrite di una nostalgia dell'anima, che recupera il passato, e si trascende in un presente che non si chiude mai al futuro. La solitudine, come ogni esperienza umana, è fragile, molto fragile, e ogni volta è esposta al rischio di convertirsi in una solitudine desertica e incapace di solidarietà, e di amore: in un isolamento che ne è la oscura controimmagine. Non so se da queste mie pagine la solitudine sia riemersa nella sua dimensione umana, e nella sua matrice ermeneutica, nella sua fragilità e nelle sue sorgenti semantiche, questa è stata la mia speranza; e in ogni caso sono pagine che, seguendo la stella polare della solitudine e delle sue infinite risonanze esistenziali, non ho fatto alcuna fatica a scrivere. Sono pagine che, aggregandosi le une alle altre, mi hanno consentito di riscoprire inattese immagini della solitudine che dalla adolescenza si sono snodate a questa ultima età della mia vita: augurandomi che siano state almeno per un attimo portatrici di una qualche umana consonanza.

Un tema che, nei suoi svolgimenti, si è nutrito di nostalgie: come sempre avviene quando si toccano corde che risuonano di un passato lontano che rinasce con le sue luci e le sue ombre, e che si congiunge misteriosamente con una sia pure fragile speranza. Un tema che ancora una volta non avrei potuto svolgere se non sulla scia delle mie esperienze e delle mie conoscenze in questa psichiatria che mi ha consentito di avvicinarmi alle alte maree del dolore e dell'angoscia, delle inquietudini dell'anima e della speranza, della gentilezza e della tenerezza ferite. Un tema infinito al quale la solitudine come pausa diastolica della vita ci avvicina lungo sentieri ermeneutici che non conoscerei senza i testi inenarrabili di Giacomo Leopardi.

Quando uno psichiatra scrive un libro, che non sia freddamente clinico, e sia alla ricerca della infinita fenomenologia delle emozioni che sono in noi, non sa mai prevedere quali ne siano le risonanze in chi lo legga, ma la cosa, alla quale uno psichiatra non può non guardare come a suo temerario dovere, è quella di non scrivere mai nemmeno una parola che possa essere fonte di una qualche inattesa inquietudine, che si aggiunga a quelle delle quali un paziente già soffriva. Ma ancora una cosa: non è stata una meta estranea al mio libro quella di indicare il dovere, che ciascuno di noi ha, di riconoscere e di rispettare la solitudine che è negli altri, negli adolescenti in particolare, ma non solo in loro, senza mai lacerarla, e senza mai dimenticare che solitudine e silenzio si intrecciano l'una all'altro. Nello scorrere vertiginoso del tempo, che non consente facilmente riflessioni e meditazioni, la solitudine è come una oasi nel deserto: in questa definizione vorrei riassumere il senso ultimo del mio discorso.

Bibliografia

Agostino, *Le confessioni*, a cura di M. Bettetini, Einaudi, Torino 2002.

Angela da Foligno, *Il libro dell'esperienza*, a cura di G. Pozzi, Adelphi, Milano 1992.

Bernanos, G., *Dialogues des Carmélites*, in Id., *Œuvres romanesques*, Bibliothèque de la Pléiade, Paris 1961.

Bobbio, N., *De senectute e altri scritti autobiografici*, Einaudi, Torino 1996.

Borgna, E., *L'ascolto gentile*, Einaudi, Torino 2017.

– *Il fiume della vita*, Feltrinelli, Milano 2020.

– *La nostalgia ferita*, Einaudi, Torino 2018.

– *Le parole che ci salvano* (raccolta dei volumi *La fragilità che è in noi*, *Parlarsi* e *Responsabilità e speranza*), Einaudi, Torino 2017.

– *La solitudine dell'anima*, Feltrinelli, Milano 2011.

– *Speranza e disperazione*, Einaudi, Torino 2020.

Cànopi, A. M., *Mia nativa Sorgente*, Morcelliana, Brescia 2015.

Dickinson, E., *Centoquattro poesie*, traduzione di S. Bre, Einaudi, Torino 2011.

– *Questa parola fidata*, traduzione di S. Bre, Einaudi, Torino 2019.

– *Uno zero piú ampio. Altre cento poesie*, traduzione di S. Bre, Einaudi, Torino 2013.

Dostoevskij, F., *I fratelli Karamazov*, traduzione di A. Villa, Einaudi, Torino 1993.

Elias, N., *La solitudine del morente*, il Mulino, Bologna 1985.

Guardini, R., *Virtú*, Morcelliana, Brescia 1972.

Hillesum, E., *Diario 1941-1943*, traduzione di C. Passanti e T. Montone, Adelphi, Milano 2012.

– *Lettere 1941-1943*, traduzione di C. Passanti, T. Montone e A. Vigliani, Adelphi, Milano 2013.

Hölderlin, F., *Prose, teatro e lettere*, a cura di L. Reitani, Mondadori, Milano 2019.

– *Tutte le liriche*, traduzione di L. Reitani, Mondadori, Milano 2001.

Jankélévitch, V., *La musica e l'ineffabile*, Bompiani, Milano 1998.

Leopardi, G., *Discorso sopra lo stato presente dei costumi degl'Italiani*, in *Tutte le opere di Giacomo Leopardi*, a cura di F. Flora, Mondadori, Milano 1973.

– *Poesie e prose*, in *Tutte le opere di Giacomo Leopardi*, a cura di F. Flora, Mondadori, Milano 1973.

– *Zibaldone di pensieri*, in *Tutte le opere di Giacomo Leopardi*, a cura di F. Flora, Mondadori, Milano 1973.

Mansfield, K., *Quando ero uccello e altre poesie*, a cura di F. Mazzocchi, Passigli, Firenze 2009.

Minkowski, E., *La schizofrenia*, Einaudi, Torino 1998.

Nietzsche, F., *Cosí parlò Zarathustra*, traduzione di M. Montinari, in *Opere di Friedrich Nietzsche*, vol. VI, t. 1, Adelphi, Milano 1968.

– *La gaia scienza*, a cura di C. Gentili, Einaudi, Torino 2015.

Petrarca, F., *Canzoniere*, a cura di M. Santagata, Mondadori, Milano 2004.

Picard, M., *Il mondo del silenzio*, a cura di J.-L. Egger, Servitium, Sotto il Monte (BG) 2014.

Pozzi, A., *Poesia che mi guardi*, a cura di G. Bernabò e O. Dino, Luca Sossella, Roma 2010.

Pozzi, G., *Tacet*, Adelphi, Milano 2013.

Rilke, R. M., *Lettere a un giovane poeta*, traduzione di L. Traverso, Adelphi, Milano 1980.
- *Lettere di Natale alla madre. 1900-1925*, traduzione di F. Ricci, Passigli, Firenze 2002.
- *Poesie I. 1895-1908*, a cura di G. Baioni, Mondadori, Milano 2013.
- *Poesie II. 1908-1926*, a cura di G. Baioni, Mondadori, Milano 2013.

Scaramuzza, G., *Smarrimento e scrittura*, Mimesis, Milano 2019.
- *Passaggi. Passioni, persone, poesia*, Mimesis, Milano 2020.

Steiner, G., *Dieci (possibili) ragioni della tristezza del pensiero*, Garzanti, Milano 2007.

Trakl, G., *Poesie*, a cura di I. Porena, Einaudi, Torino 1997.

Weil, S., *Attesa di Dio*, a cura di M. C. Sala, Adelphi, Milano 2008.

Woolf, V., *Dell'essere malati*, in Id., *Saggi, prose, racconti*, Mondadori, Milano 1998.
- *Le onde*, traduzione di N. Fusini, Einaudi, Torino 1995.

*Stampato per conto della Casa editrice Einaudi
presso ELCOGRAF S.p.A. - Stabilimento di Cles (Tn)*

C.L. 24769

Ristampa   Anno

1   2   3   4   5   6   2021   2022   2023   2024